뇌경색 환자의 좌충우돌 1인 출판사 창업기

이은선 지음

반달뜨는꽃섬

뇌경색 환자의 좌충우돌 1인 출판사 창업기

책을 펴내며

뇌경색, 그리고 새로운 출발, 1인 출판사 이야기

제가 여러분께 전하고자 하는 이야기는 단순한 출판사의 이야기가 아니라, 제 인생의 전환점이었던 뇌경색과 그 후의 새출발에 관한 입니다. 저는 어느 날 갑자기 찾아온 뇌경색으로 인해 모든 것이 한순간에 멈춘 듯한 기분을 느꼈습니다. 이전까지 활발하게 살아왔던 저의 일상이, 한순간에 검은 터널 속으로 빠져들어 간 기분이었습니다. 병원에서의 긴 시간, 그리고 회복의 어려운 과정을 겪으면서 저는 제 자신과 마주하는 시간을 가졌습니다. 그 과정은 참으로 고달팠고, 때로는 절망감에 휩싸이기도 했습니다.

뇌경색 이후, 신체적 한계와 정신적 불안감이 겹쳐 요양병원에서의 하루하루가 버겁게 흘러갔습니다. 한걸음 한 걸음 내딛는 것조차 힘겨웠고 작은 움직임에도 숨이 차올랐습니다. 이전에는 당연하다고 여겼던 일들이 이제는 커다란 벽처럼 느껴졌습니다. 내 몸이 더는 내 것이 아닌 것처럼 낯설게만 느껴졌습니다. 몇 년을 요양병원에서 재활하며 지내는 동안, 매일 같은 일상의 반복 속에서 나 자신을 잃어가는 기분이 들기도 했습니다. 하지만 그 속에서도 포기하지 않고 혼자서 할 수 있는 일들을 하나하나 찾아보기 시작했습니다.

손을 조금씩 움직이며 글씨를 써보기도 하고 책을 읽으며 생각을 정리하기도 했습니다. 그러다 문득 깨달았습니다. 평소에 책을 좋아하고 틈틈이 써왔던 글들이 저에게 위안과 영감을 주었고, 글을 읽고 쓰는 시간만큼은 병상의 나약한 존재가 아니라 온전히 저 자신일 수 있었습니다. 책 속에서 새로운 세상을 만나고, 글 속에서 저 자신과 대화하는 일이 저를 다시 일어서게 했습니다.

"내 이야기를 써 보자" 처음에는 이런 마음이었습니다. 그러던 마음이 한 걸음씩 앞으로 나아가기 시작 했습니다. 처음에는 두려움과 불안이 제 마음을 무겁게 짓누르기도 하였습니다. 예전의 저는 바쁘게 살아가던 회사원이었고, 뇌경색 이후로는 단순히 생존 자체가 도전이었습니다. 그런데, 제가 깨달은 것은 바로 '현실에서 내 자신의 새로운 길을 찾는 것'이었습니다.

한 권, 한 권에 제 경험과 작가의 세계를 담아내며 독자들에게 이야기하기 시작했습니다. 그러나 이 길은 분명 쉽지 않았습니다. 모든 것이 제 손으로 이루어져야 했고, 때로는 외로움과 좌절감이 저를 찾아왔습니다. 그러나 그럴 때마다 저는 "언제나 나는 내 자신을 믿어야 한다" 는 다짐을 했습니다.

출판을 통해 만난 새로운 세상은 저에게 또 다른 놀라움을 선사하였습니다. 제가 직접 편집하고 디자인한 책들이 서서히 독자들의 마음속에 자리 잡기 시작하면서, 저의 이야기는 단순한 개인의 고난 극복기가 아니라, 많은 이들에게 희망과 영감을 주는 사례가 되었습니다. SNS와 온라인 커뮤니티를 통해 독자들과 소통하며 "당신도 할 수 있습니다" 라는 메시지를 전할 수 있었던 순간들은 제 인생에 있어 가장 값진 보상이었다고 할 수 있습니다. 뇌경색으로 인한 아픔을 겪으면서도, 저는 다시 일어서서 세상과 소통할 수 있는 기회를 마련했습니다.

이 과정에서 저는 한 가지 중요한 사실을 깨달았습니다. 바로 역경은 우리를 더욱 단단하게 만들어 준다는 사실이었습니다. 제게 닥친 고난은 결코 피할 수 없는 현실이었지만, 그 고난을 어떻게 극복하고, 그 경험을 어떻게 의미 있는 결과물로 승화시킬 것인가는 전적으로 제 선택에 달려 있었습니다. 1인 출판사를 운영하며 저는 매 순간 자신과의 싸움했고, 동시에 작은 성공들이 모여 큰 꿈을 이루어가는 과정을 체험하였습니다. 이 모든 경험은 제가 다시 태어날 수 있는 계기가 되었고, 제 인생에 새로운 빛을 불어넣어 주었습니다.

여러분, 역경 속에서 길을 잃은 것 같을 때, 한 번쯤은 멈춰 서서 자신만의 이야기를 돌아보시기를 바랍니다. 제 사례가 여러분께 조금이나마 용기와 희망을 드릴 수 있기를 진심으로 바랍니다. 제가 겪은 이 모든 고난과 시련, 그리고 그 속에서 피어난 새출발의 이야기는 여러분 각자의 삶 속에서 작지만 확실한 변화를 만들어내는 계기가 되었으면 합니다. 앞으로도 제 경험을 바탕으로 더 많은 이야기를 나누며 여러분과 함께 성장해 나가고자 합니다.

차례

3장 _ 실전! 출판사 창업하기 (출판사 법적 절차 가이드)

4장 _ 출판의 꽃, 책 만들기

5장 _ 1인 출판사의 생존 전략

6장 _ 나의 1인 출판사, 앞으로의 길

1장 _ 왜 1인 출판사인가?

뇌경색 그리고 새로운 출발, 1인 출판사

제가 뇌경색을 겪은 건 너무나도 갑작스러웠습니다. 아침에 일어나 평소처럼 하루를 시작하려던 순간, 몸이 내 마음대로 움직이지 않았습니다. 팔다리에 힘이 없고 말도 어눌해졌습니다. 머릿속이 어지럽고 이상한 기분이 들었습니다. 응급실로 실려 가 검사를 받고 '뇌경색'이라는 진단을 들었을 때의 감정은 뭐라 말로 표현하기 어려웠습니다. 내 삶은 이대로 끝나는 걸까? 내가 할 수 있는 일이 이제 없어진 걸까? 너무나도 절망적이었습니다. 하지만 시간이 지나면서 깨달았습니다. 지금 나의 삶은 멈춘 것이 아니라, 새로운 방향으로 가야 하는 시기였습니다. 이전과 똑같은 삶을 살 수는 없지만, 새로운 길을 만들면 되었습니다. 나는 포기하지 않고 다시 살아가기로 했습니다. 그리고 그 방법으로 '출판'을 선택했습니다.

1인 출판사 _ 내가 할 수 있는 일을 찾다

뇌경색 이후 내 몸은 예전 같지 않았습니다. 오랜 시간 서 있거나 말하는 것도 힘들었고, 한 번에 여러 가지를 처리하는 것도 어려웠습니다. 예전처럼 회사에 다니거나 육체적인 노동을 하는 일은 불가능했습니다. 그렇다면 나는 무엇을 할 수 있을까? 고민 끝에, 예전부터 관심 있었던 책과 글쓰기에 집중해 보기로 했습니다. 어렵게 인터넷을 뒤지고 여러 자료를 찾으며 '1인 출판사' 라는 개념을 알게 됐습니다.

  혼자서 책을 만들고, 직접 유통하며, 온라인에서 판매할 수도 있었습니다. 이거라면 내 몸 상태에 맞춰 일할 수도 있고, 무엇보다 나와 다른 작가들의 이야기를 세상에 전할 수도 있을 것 같았습니다. "그래, 이거다. 책을 만들자." 나는 사업자 등록부터 시작해 하나하나 배워 나갔습니다. 출판을 전공한 것도 아니고, 관련 업계에서 일해본 경험도 없었지만, 요즘은 혼자서도 출판을 할 수 있는 시대였습니다. 책을 쓰고, 디자인하고, 인쇄소와 협력해 출판까지 이어지는 모든 과정을 직접 배워 나갔습니다.

역경과 도전 _ 혼자서 하는 출판은 쉽지 않았다
  현실은 생각보다 쉽지 않았습니다. 출판이라는 것이 단순히 작가를 만나고 글을 가져오는 것만으로 끝나는 일이 아니었습니다. 책을 만들려면 원고를 다듬고 편집해야 하는데, 나는 이런 작업이 처음이었습니다. 게다가 뇌경색 이후 집중력이 떨어져 한 번에 오래 작업하는 것도 힘들었습니다. 책을 출판하는 것보다 더 어려운 건, 사람들에게 알리는 일이었습니다. 유명한 출판사에서 나오는 책도 아니고, 내 이름조차 알려지지 않은 상황에서 어떻게 독자들에게 다가갈 것인가? 고민이 많았습니다.

  뇌경색 이후 쉽게 피곤해지는 몸을 가지고 하루 종일 작업하는 것은 큰 도전이었습니다. 한 번 집중하면 몇 시간씩 책상 앞에 앉아 있던 예전과 달리, 이제는 조금씩 나눠서 일해야 했다. 그럼에도 불구하고, 나는 한 걸음 한 걸음 앞으로 나아갔습니다. 한 번에 완벽하게 하려 하지 않고, 조금씩 나아가기로 했습니다. 하루에 몇 시간씩만 작업하고 모르는 것은 유튜브나 책을 통해 배우며 천천히 준비했습니다.

그리고 결국 첫 번째 책을 출판하는 데 성공했습니다. 책이 나왔습니다. 그리고 내 세상도 다시 열렸습니다. 첫 책을 세상에 내놓았을 때의 감격은 이루 말할 수 없었습니다. "책을 읽고 힘이 났어요." "저도 용기 내서 도전해 보고 싶어요." 독자들의 메시지를 받을 때마다, 내 삶이 다시 살아나는 기분이 들었습니다. 출판을 통해 나는 단순히 책을 만든 것이 아니라, 새로운 인생을 만들고 있었습니다. 더 이상 '병을 앓고 있는 사람'이 아니라, '작가이자 출판사 대표'라는 새로운 정체성을 가지게 되었습니다.

이제부터 새로운 시작이다

이제 나는 한 권의 책을 출판한 것에 만족하지 않습니다. 더 많은 사람들에게 희망을 전하고 싶었습니다. 나처럼 병을 앓고 있는 사람들, 새로운 도전을 하고 싶은 사람들, 그리고 인생의 전환점을 맞이한 모든 이들에게 말해주고 싶습니다. "당신도 할 수 있다." 삶이 한 번 무너졌다고 해서 끝나는 것이 아니다. 나처럼 다시 일어설 수 있고, 새로운 길을 찾을 수 있습니다. 나는 출판을 통해 내 삶을 다시 쌓아 올렸고, 이 경험을 더 많은 사람들에게 공유하고 싶습니다.

뇌경색이 내 인생을 끝장낼 것이라 생각했던 때가 있었습니다. 하지만 지금 나는 새로운 꿈을 꾸고 있습니다. 1인 출판사 대표로서, 작가로서, 그리고 삶을 다시 개척한 사람으로서. 혹시 지금 어려움을 겪고 있는 누군가가 있다면,

꼭 말해주고 싶습니다. "절대 포기하지 마세요. 당신의 이야기는 아직 끝나지 않았어요." 출판을 통해 새로운 길을 찾은 나는 이제 다른 이들에게도 그 길을 보여주고 싶습니다.

책은 단순한 종이가 아니다. 그것은 한 사람의 열정과 꿈, 그리고 도전의 기록이며, 때로는 절망의 순간을 딛고 일어선 용기의 증거입니다. 내가 손에 쥔 원고 한 장 한 장에는 과거의 눈물과 함께 미래에 대한 희망이 고스란히 담겨 있습니다. 그 희망이 누군가에게 작은 불씨가 되어, 다시 한 번 새로운 도약을 할 수 있는 힘이 되기를 바랍니다.

책을 내고 싶다는 꿈 _ 현실에서 가능할까?

　책을 내고 싶다는 꿈은 누구나 한 번쯤 품어봤을 법한 열망입니다. 과거에는 출판사의 문턱이 높고, 출판이 단순한 특권 계층의 전유물로 여겨졌던 시절도 있었습니다. 그러나 지금은 기술의 발달과 정보의 민주화 덕분에, 그 꿈이 현실에서 충분히 실현 가능한 시대가 되었습니다.

　우선, 디지털 기술과 인터넷의 발달로 인해 자비 출판의 길이 열렸습니다. 전통적인 출판사가 반드시 거쳐야 할 복잡한 심사 과정과 편집, 디자인, 마케팅 등의 절차 에서, 온라인 플랫폼이나 1인 출판사 형태를 통해 자신의 책을 직접 기획하고 제작할 수 있는 환경이 마련되었습니다. 예를 들어, 전자책 플랫폼이나 POD(Print On Demand) 서비스를 활용하면 초기 투자 비용도 크게 줄일 수 있으며, 독자와의 소통 역시 SNS, 블로그, 이메일 등 다양한 채널을 통해 직접 이루어질 수 있습니다.

　출판에 필요한 도구와 자원이 과거보다 훨씬 저렴하고 쉽게 접근할 수 있게 되었습니다. 전문적인 편집 디자인 프로그램이나 이미지 편집 소프트웨어, 그리고 고성능 컴퓨터가 대중화되면서, 누구나 자신의 이야기를 효과적으로 전달할 수 있는 수준 높은 콘텐츠를 만들어낼 수 있습니다. 직접 글을 쓰고, 편집하며, 디자인까지 책임질 수 있는 1인 출판사의 형태는 '내가 대표다, 내가 저자다'라는 강력한 자율성을 제공하며, 내면의 목소리를 있는 그대로 표현할 수 있는 최적의 플랫폼입니다.

물론 현실의 벽이 존재하는 것도 사실입니다. 출판 과정에는 편집, 디자인, 마케팅, 유통 등 여러 분야의 전문 지식이 필요하며, 이러한 부분에서 시행착오를 겪을 수 있습니다. 책 한 권이 완성되기까지는 수많은 고민과 노력, 그리고 실패의 경험들이 뒤따를 수 있습니다. 그러나 이러한 경험들 또한 결국은 작가로서, 그리고 출판인으로서의 성장의 밑거름이 됩니다. 실제로 많은 독립 출판사와 자비 출판 작가들은 초기의 여러 어려움을 극복하고, 오히려 그 과정을 통해 자신만의 독창적인 스타일과 브랜드를 만들어 내기도 합니다.

현대 독자들은 더 이상 전통적인 출판사의 기준에 얽매이지 않고, 다양한 형식과 내용의 책을 수용하는 경향이 있습니다. 독자들은 개성과 진솔함이 담긴 이야기에 큰 관심을 가지고 있으며, 그런 면에서 1인 출판이나 자가 출판은 오히려 독자들의 감성을 자극하는 매력적인 요소로 작용합니다. 내 이야기를 내가 직접 써 내려가고, 내가 원하는 방식으로 편집하며, 나만의 감성을 담아 내는 과정은 독자와의 진정한 소통으로 이어지며, 그 자체로 큰 가치를 지닙니다.

출판을 위한 다양한 온라인 커뮤니티와 교육 프로그램, 그리고 정부나 지자체에서 제공하는 창업 지원 프로그램 등도 책을 내고자 하는 이들에게 큰 도움이 되고 있습니다. 이런 지원 시스템을 활용하면 초기의 불안감과 재정적 부담을 줄일 수 있으며, 보다 체계적으로 책 출판에 도전할 수 있는 환경이 조성됩니다.

결론적으로, "책을 내고 싶다"는 꿈은 현실에서 충분히 이루어질 수 있습니다. 물론 과정은 결코 쉽지 않으며, 끊임없는 도전과 준비, 그리고 자기 혁신을 요구합니다. 그러나 시대가 변하면서 출판에 대한 접근 방식도 혁신적으로 바뀌었고, 누구나 자신의 이야기를 세상에 전할 수 있는 기회가 생겨났습니다. 자신의 열정과 노력을 믿고, 작은 도전부터 차근차근 시작해 나간다면, 언젠가는 독자들과 진솔하게 소통할 수 있는 책을 내게 될 것입니다.

이렇듯 책을 내고자 하는 꿈은 그 자체로 가치 있고, 현실에서 실현 가능한 목표입니다. 여러분의 이야기를 담은 책이 독자들의 마음에 깊은 울림을 주는 날을 기대하며, 그 여정에서의 모든 경험이 여러분을 더욱 성장하게 해줄 것임을 믿어 의심치 않습니다.

지금이 1인 출판하기 딱 좋은 이유

현대는 출판의 문턱이 과거에 비해 크게 낮아진 시대입니다. 과거에는 출판사의 승인과 엄격한 심사를 거쳐야만 책을 내놓을 수 있었지만, 오늘날에는 디지털 기술의 발전과 다양한 자가 출판 플랫폼 덕분에 누구나 자신의 이야기를 세상에 전달할 수 있는 환경이 조성되어 있습니다. 기술의 발전은 인쇄 및 편집 비용을 대폭 낮추었고, POD(Print On Demand)나 전자책 서비스와 같은 시스템은 초기 투자 부담을 크게 줄여주어 창작에만 전념할 수 있는 여건을 마련해 주었습니다.

인터넷과 스마트폰의 보급으로 인해 SNS, 블로그, 유튜브 등 다양한 온라인 채널이 활성화됨에 따라, 작가와 독자 간의 소통이 훨씬 더 용이해졌습니다. 이제 독자들은 단순히 책 한 권을 읽는 것에 그치지 않고, 작가의 생각과 창작 과정, 그리고 작품에 담긴 진솔한 이야기를 실시간으로 공유할 수 있습니다. 이러한 직접적인 소통은 책이 출시된 후 독자들의 반응을 즉각적으로 확인할 수 있게 해 주며, 이를 토대로 다음 작품에 반영할 수 있는 귀중한 피드백을 제공합니다.

더불어, 시장의 다양화와 세분화도 지금 출판에 도전하기에 좋은 이유 중 하나입니다. 예전에는 대중의 취향을 모두 아우를 수 있는 '대형' 출판물만이 성공할 수 있었다면, 이제는 특정 주제나 틈새 시장에 초점을 맞춘 책들이 큰 인기를 끌고 있습니다. 독자들은 자신이 공감할 수 있는 특색 있는 이야기를 선호하며, 이는 작가들이 자신의 독창적인 아이디어와 개성을 마음껏 펼칠 수 있는 기회를 제공합니다. 이러한 변화는 출판 업계 전반에 신선한 바람을 불어 넣고 있으며, 자신만의 목소리를 담은 책들이 더욱 각광받는 시대를 만들어가고 있습니다.

게다가, 다양한 온라인 커뮤니티와 교육 프로그램, 정부 및 지자체의 창업 지원 정책 등도 출판에 도전하는 이들에게 큰 힘이 되어주고 있습니다. 이러한 지원 시스템은 책을 내고자 하는 초보 작가들에게 필요한 정보와 자원을 제공해 줌으로써, 혼자서 출판을 준비하는 부담을 크게 덜어줍니다. 출판 관련 워크숍이나 세미나, 그리고 온라인 강좌 등은 출판 기획부터 마케팅, 유통까지 전 과정을 체계적으로 배울 수 있는 기회를 제공하며, 이를 통해 작가와 창업자들이 보다 전문적인 지식을 쌓고 실행에 옮길 수 있게 됩니다.

창작에 있어서 가장 중요한 요소는 바로 '자유로운 표현'입니다. 1인 출판이나 자가 출판의 장점은 바로 외부의 간섭 없이, 내 내면의 이야기를 그대로 담아낼 수 있다는 점입니다. 나만의 경험, 철학, 그리고 감성을 고스란히 담은 책은 그 자체로 독자들과의 진솔한 소통 창구가 됩니다. 독자들은 대형 출판사에서 나온 획일적인 콘텐츠보다, 진심이 담긴 개성 있는 이야기에 더 큰 감동을 받습니다. 이처럼 자신만의 목소리를 자유롭게 펼칠 수 있는 환경은 창작의 열정을 더욱 불태우게 하며, 이는 곧 독자들에게 깊은 인상을 남기는 작품으로 이어집니다.

마지막으로, 지금이 출판하기 딱 좋은 또 다른 이유는 바로 '시행착오를 감수할 수 있는 여건'입니다. 출판은 어느 분야나 처음 도전할 때는 수많은 어려움과 실패가 따르기 마련입니다. 하지만 디지털 시대의 빠른 피드백 시스템과 낮은 초기 비용은 실패의 부담을 크게 줄여 줍니다. 실패를 통해 배우고 개선해 나갈 수 있는 환경에서, 도전하는 과정 그 자체가 성장의 밑거름이 됩니다. 이는 결국 자신만의 색깔과 차별화된 콘텐츠를 만들어 내는 데 큰 도움이 되며, 성공적인 출판으로 이어질 가능성을 높여 줍니다.

이처럼 기술의 발전, 다양해진 독자 소통 채널, 세분화된 시장, 그리고 창작의 자유와 지원 시스템 등 여러 요소들이 맞물리면서, 지금은 그 어느 때보다도 출판에 도전하기 좋은 시기가 되었습니다. 여러분의 이야기를 담은 책이 독자들의 마음에 울림을 주고, 세상에 새로운 가치를 전달할 수 있는 기회는 바로 지금입니다. 두려움 없이 첫 걸음을 내딛어 보시길 바라며, 여러분의 목소리와 창작의 열정이 빛나는 날이 곧 찾아오리라 믿습니다.

2장 _ 1인 출판사를 차리기 전에 알아야 할 것들

1인 출판사의 정의와 특징

1인 출판사란 무엇인가?

과거 출판은 대형 출판사가 독점하다시피 하는 영역이었습니다. 하지만 이제는 1인 출판사라는 개념이 자리 잡으며 누구나 출판을 할 수 있는 시대가 되었습니다. 그렇다면 1인 출판사란 정확히 무엇일까? 간단히 말해 한 사람이 기획, 편집, 출판, 유통, 마케팅까지 모두 담당하는 출판사를 뜻합니다. 기존의 출판사는 다수의 직원과 시스템을 갖추고 책을 기획·출판하는 반면, 1인 출판사는 혼자서 모든 과정을 책임지고 운영한다는 점이 가장 큰 차이점입니다. 최근에는 옵셋인쇄 이외에 전자책(E-Book), POD(Print On Demand, 주문형 출판) 등 새로운 출판 방식이 등장하며 1인 출판사의 진입 장벽이 더욱 낮아졌습니다. 종이책뿐만 아니라 전자책을 출판하고, 유튜브나 SNS를 활용해 마케팅까지 할 수 있는 환경이 갖춰지면서 1인 출판사의 가능성은 더욱 커지고 있습니다.

가장 큰 차이점은 '유연성'과 '창의성'

1인 출판사는 자신이 원하는 주제를 자유롭게 선택할 수 있고, 출판 방식도 비교적 자유롭습니다. 반면, 기존 출판사는 다수의 사람이 관여하는 구조라 시장성이 중요한 기준이 되며, 출판 결정이 느리게 진행될 수 있습니다.

* 1인 출판사 VS 기존 출판사의 차이점 *

구분	1인 출판사	대형 출판사
운영 방식	혼자서 모든 과정을 담당	여러 명의 팀이 협업
출판 속도	빠름 (유연한 의사 결정)	상대적으로 느림 (다단계 의사 결정)
자본 투자	적은 비용으로 가능	인쇄, 마케팅 등 대규모 투자 필요
유통 방식	대형 서점 및 오프라인 위주 (소규모, 전략적)	대형 서점 및 오프라인 위주 (대규모, 적극적)
컨텐츠 선택	창작자의 개성과 취향 반영	시장성이 중요한 기준
마케팅	직접 홍보 (SNS, 블로그 활용)	광고, 베스트셀러 전략 활용

1인 출판사의 주요 특징

1. 혼자서 모든 과정을 진행

기획부터 원고 작성, 편집, 디자인, 마케팅, 유통까지 모든 과정을 직접 진행해야 합니다. 따라서 출판 전반에 대한 기본적인 이해가 필요합니다. 하지만 반대로 생각하면 의사 결정이 빠릅니다. 내가 쓰고 싶은 책을 기획하고, 내가 원하는 스타일로 편집할 수 있으며, 출판 일정도 내 마음대로 조정할 수 있습니다.

2. 작은 비용으로도 시작 가능

기존 출판사처럼 사무실이 필요하지 않고, 대량 인쇄를 하지 않아도 됩니다. POD(Print On Demand, 주문형 출판) 시스템을 이용하면 필요한 만큼만 인쇄해 재고 부담도 줄일 수 있습니다. 또한, 전자책(E-Book)을 활용하면 인쇄비가 들지 않아 비용을 더욱 절감할 수 있습니다.

3. 온라인 유통과 마케팅이 핵심

과거에는 출판 후 대형 서점에 입점하는 것이 필수였지만, 1인 출판사는 온라인 유통이 주력입니다. 크라우드 펀딩(와디즈, 텀블벅)이나 전자책 플랫폼(리디북스, 밀리의 서재, 교보 eBook, 네이버 시리즈) 등을 활용하면 혼자서도 충분히 유통과 마케팅이 가능합니다. 또한, SNS(인스타그램, 유튜브, 블로그)를 활용한 마케팅이 중요합니다. 자신의 콘텐츠를 적극적으로 홍보하면 출판사 브랜드를 키울 수도 있습니다.

4. 출판사가 아닌 '브랜드'로 성장 가능

1인 출판사는 단순히 책을 출판하는 곳이 아니라, 개인의 브랜드를 구축하는 강력한 도구가 될 수 있습니다. 예를 들어, 자기만의 특색 있는 책을 출판하면서 강의, 컨설팅, 굿즈 제작 등으로 확장할 수도 있습니다.

예시)
- 여행 작가: 여행 에세이 출판 → 여행 강의, 가이드북 제작
- 건강 전문가: 건강 관련 서적 출판 → 유튜브, 온라인 클래스 운영
- 창업 경험자: 창업 가이드북 출판 → 컨설팅, 코칭 사업 연결

5, 1인 출판사를 해야 하는 이유

1인 출판사는 단순히 '혼자서 출판하는 것'이 아니라, 자신만의 이야기를 자유롭게 전달할 수 있는 플랫폼입니다.

- 내가 원하는 콘텐츠를 자유롭게 출판할 수 있습니다.
- 작은 비용으로도 창업이 가능합니다.
- SNS와 온라인 유통을 통해 독자를 직접 만날 수 있습니다.
- 출판을 통해 '개인 브랜드'를 키울 수 있습니다.

과거에는 출판이 거대 자본과 시스템이 필요한 산업이었다면, 이제는 개인도 출판을 통해 성공할 수 있는 시대입니다. 만약 나만의 콘텐츠를 가지고 있다면, 1인 출판사는 당신에게 새로운 기회가 될 것입니다. 누구나 책을 만들 수 있는 시대입니다, 이제 당신도 도전해 보시죠.

6. 1인 출판사의 단점

1인 출판사늘 책 판매의 많은 수익은 가질 수 있다는 장점이 있지만 반대로 출판사 직원들이 하는 모든 일들은 1인출판사대표가 모두 맡아서 하게 됩니다. 글쓰기부터 편집, 디자인, 인쇄, 배송, 고객응대, 홍보 등 세분화된 업무를 모두 혼자 하게 된다는 부담감이 있습니다. 중간 단계가 없기 때문에 고객 서비스도 내 몫입니다. 메일로 접수된 모든 건의 메일도 다이렉트로 직접 일일이 답장을 해야하고 아무래도 혼자서 하게 되다 보니 오류 건수 및 건의사항이 많이 발생하게 됩니다. 하루에 몇 건씩 처리하려면 시간이 상당이 꽤 오래 걸립니다.

자비 출판 vs 기획 출판 vs 반기획 출판 뭐가 다를까?

    1인 출판사를 운영하다 보면, 책을 어떻게 출간하고 비용·수익을 어떻게 분배할 것인지가 중요한 문제입니다. 일반적으로 출간 방식에는 '자비출판', '기획출판', 그리고 그 중간에 위치한 '반(半)기획출판'이 있습니다. 자비출판은 모든 비용을 작가 스스로 부담하기 때문에 수익 배분에 있어 자유로우나 초기 투자 부담이 큽니다. 반면, 기획출판은 출판사가 전반적인 기획과 비용을 부담해 안정적인 판매를 기대할 수 있으나, 수익 분배에 있어 작가의 몫이 상대적으로 줄어들 수 있습니다. 반(半)기획출판은 양측의 부담을 조율하여 비용과 수익을 보다 균형 있게 분배하려는 방식으로, 각각의 장단점을 적절히 활용할 수 있는 전략입니다.

.

1. 자비출판(저자가 전액 비용 부담)
1) 특징
    자비출판은 말 그대로 저자가 책 제작에 필요한 모든 비용을 직접 부담하는 방식입니다. 편집, 교정·교열, 표지 디자인, 인쇄, 유통 등 책을 완성하기 위한 비용 전반을 저자가 지불합니다. 1인 출판사 입장에서는, 저자가 비용을 전적으로 대는 대신 출판사는 편집·디자인·유통 서비스를 제공하고 일정 수수료만 받는 형태가 될 수도 있습니다. 이런 구조에서는 보통 저자가 "이 책을 꼭 내고 싶다"는 명확한 의지가 있거나, 책 출간을 통해 브랜딩 효과를 기대하는 경우가 많습니다. 예를 들어, 강연자로 활동하는 분이 세미나·강의장에서 직접 책을 팔거나, 자신의 사업 홍보를 위해 책을 발행하려는 식입니다.

2) 장점

• **저자의 자유로운 의사결정** : 자비출판의 가장 큰 장점은 저자가 출판 과정 전반에 걸쳐 자신의 의사를 자유롭게 반영할 수 있다는 점입니다. 비용 부담이 전적으로 저자에게 있으므로 책의 기획, 내용 구성, 표지 디자인, 교정, 마케팅 등 모든 단계에서 저자가 원하는 방향을 대폭 반영할 수 있습니다. 이로 인해 책의 내용뿐만 아니라 외관과 브랜드 메시지까지 저자의 개성과 철학이 뚜렷하게 드러나며 독창적이고 차별화된 결과물을 만들어 낼 수 있습니다. 또한, 신속한 의사결정이 가능해 시장 변화나 독자 피드백에도 유연하게 대응할 수 있는 장점이 있습니다.

• **수익 통제 용이** : 자비출판 방식에서는, 책이 잘 팔릴 경우 전통적인 인세 지급 방식보다 훨씬 많은 수익을 기대할 수 있습니다. 저자가 모든 제작 비용을 부담하는 대신 판매된 책의 수익 중 서점 유통, 창고 보관료, 반품 처리비 등 각종 서비스 수수료를 제외한 순수익의 상당 부분이 저자에게 직접 돌아갑니다. 이러한 구조는 출판물의 성공이 곧 저자의 경제적 보상으로 직결되므로, 책의 판매 성과가 우수할 경우 큰 수익을 얻을 수 있는 장점이 있습니다. 단, 초기 비용 부담과 리스크가 큰 만큼, 철저한 시장 분석과 효과적인 마케팅 전략 수립이 선행되어야 합니다.

• **진행 속도가 빠름** : 출판사 내부의 기획 회의와 승인 절차가 간소화되어 있어 저자와 실무 담당자가 긴밀히 협력하면 책 출간까지의 시간이 크게 단축됩니다. 이러한 효율적인 내부 프로세스 덕분에 아이디어 구상부터 최종 인쇄에 이르기까지 빠른 의사결정과 실행이 가능해집니다. 저자와 실무 담당자가 서로의 의견을 적극 반영하며 협력할 경우 기획 단계에서부터 마케팅 전략에 이르기까지 전 과정이 원활하게 진행되어 경쟁력 있는 결과물을 신속하게 시장에 선보일 수 있습니다

3) 단점

• **금전적 리스크** : 인쇄, 편집 등 제작 비용이 상당하기 때문에, 책이 예상만큼 잘 팔리지 않을 경우 모든 위험과 손실은 전적으로 저자가 감수해야 합니다. 특히 1인 출판사의 경우, 저자 혼자 비용을 부담하는 구조라 서점 유통, 창고 보관료, 반품 처리비 등 추가 비용이 발생할 수 있습니다. 만약 비용 부담을 감당하지 못하거나 반품이 급증하면 재정적 압박이 심해져 출판사의 안정성에 심각한 영향을 미칠 수 있으므로, 철저한 비용 관리와 리스크 분산 전략이 필수적입니다.

• **유통·홍보의 한계** : 유통·홍보의 한계는 서점 유통 및 온라인 판매 채널에서 출판사가 적극적인 홍보 활동을 펼치기 어려울 수 있다는 점에 있습니다. 특히 1인 출판사의 경우, 전문 마케팅 팀이 없기 때문에 저자 본인이 직접 나서야 하는 경우가 많아 체계적인 마케팅 전략을 구축하기가 어렵습니다. 이로 인해 책의 노출도와 판매 성과에 제약이 따를 수 있으며, 효과적인 홍보 및 유통을 위해 외부 전문가와의 협업이나 자체 마케팅 역량 강화가 절실한 상황입니다.

2. 기획출판(출판사가 비용 부담)

1) 특징

기획출판은 출판사가 주도적으로 책을 기획하고, 저자가 원고를 쓰며, 책 제작에 필요한 비용은 출판사가 부담하는 구조입니다. 1인 출판사라도 "이 원고는 충분히 매력적이니, 우리 출판사 브랜드로 만들어서 시장에 내보자"라는 확신이 들면 기획출판을 선택할 수 있습니다. 보통은 출판사가 저자의 원고나 아이디어를 검토하고, 이 책이 시장에서 어느 정도 판매 가능성이 있다고 판단하면 계약을 진행합니다. 계약서에는 저자의 인세(수익 배분), 원고 마감 일정, 수정 방향 등이 명시됩니다.

2) 장점

• **저자 금전 부담 적음** : 기획출판의 가장 큰 장점 중 하나는 저자에게 금전적 부담이 크게 줄어든다는 점입니다. 인쇄, 교정·교열, 디자인, 마케팅 등 출간에 필요한 모든 비용을 출판사가 책임지므로, 저자께서는 비용 부담 없이 원고 작성과 콘텐츠의 질 향상에 전념할 수 있습니다. 이러한 구조는 저자에게 재정적 압박을 덜어주어 창작 과정에 온전히 집중할 수 있는 환경을 제공하며, 결과적으로 책의 완성도와 독창성을 높이는 데 크게 기여합니다. 또한, 출판사가 비용을 부담함으로써 책의 출시 일정이나 마케팅 전략 등 전반적인 출간 과정이 체계적으로 진행되어, 장기적으로 작가의 브랜드 가치 향상과 안정적인 시장 진입을 도모할 수 있습니다.

• **전문성·마케팅 지원** : 전문성·마케팅 지원은 기획출판의 또 다른 강력한 장점입니다. 출판사는 저자가 제출한 원고를 바탕으로 책의 콘셉트, 편집 방향, 표지 디자인 등 전반적인 구성에 대해 전문적인 노하우를 제공하여 결과물

의 퀄리티를 크게 높입니다. 이를 통해 책이 단순한 내용 전달을 넘어, 독자에게 시각적·감성적으로 깊은 인상을 줄 수 있는 완성도 높은 작품으로 탄생하게 됩니다. 출판사는 잘 구축된 유통망과 체계적인 마케팅 전략을 활용하여 책을 적극적으로 홍보할 수 있습니다. 이와 같은 지원은 저자에게 비용 부담을 덜어주는 동시에, 브랜드 가치를 강화하고 장기적인 시장 성공을 이끌어내는 데 핵심적인 역할을 합니다.

• **독자 도달률 상승** : 저자가 개인적으로 홍보하는 것보다, 출판사의 전문적인 네트워크와 다양한 채널을 활용하면 책이 훨씬 많은 독자에게 노출될 가능성이 큽니다. 출판사는 이미 구축된 유통망, SNS, 온라인 서점, 이벤트, 커뮤니티 등 여러 플랫폼을 통해 목표 독자층에게 효과적으로 접근하는 체계적인 마케팅 전략을 운영합니다. 이로 인해 책에 대한 인지도와 신뢰도가 크게 향상되고, 자연스러운 입소문 효과가 발생하며, 최종적으로 판매 성과와 브랜드 가치가 지속적으로 상승하는 결과를 얻을 수 있습니다.

3) 단점
• **저자의 개성 제한** : 출판사에서 시장성을 고려해 책의 내용을 수정하거나 방향성을 결정할 경우, 저자가 원하는 창의적 표현이나 개성이 일부 제한될 수 있습니다. 즉, 저자는 책의 기획 및 디자인 등에서 자신의 독특한 아이디어를 충분히 반영하고 싶어도, 출판사의 의견이 우선되면서 본인의 개성이 희생될 위험이 있습니다. 이로 인해 저자와 출판사 간에 갈등이 발생할 수 있으며, 때로는 책의 독창성이 떨어지거나 저자의 만족도가 낮아지는 부작용이 나타날 수 있습니다. 따라서 이러한 문제를 미연에 방지하기 위해, 출간 전 충분한 협의와 조율 과정을 거쳐 양측의 의견을 조화롭게 반영하는 것이 중요합니다.

• **인세 수익 제한** : 인세 수익 제한은 기획출판의 대표적인 단점 중 하나로, 책이 아무리 높은 판매 성과를 내더라도 저자가 얻는 수익은 미리 계약된 인세율에 의해 한정됩니다. 이는 출판사가 비용 부담과 마케팅 지원을 제공하는 장점이 있지만 반면에 판매 호조에 따른 추가 보상이나 인센티브 없이 정해진 비율에 따른 수익만을 받게 됩니다. 책이 시장에서 크게 성공하더라도, 저자는 계약서에 명시된 인세율 이상으로 수익이 증가하는 효과를 온전히 누리기 어렵습니다. 이러한 문제를 해결하기 위해서는, 계약 단계에서 저자와 출판사가 충분한 협상을 통해 인세율을 조정하거나, 판매 실적에 따른 추가 보상 구조를 마련하는 등의 노력이 필요합니다.

• **출판사 선정의 문턱** : 출판사 선정의 문턱은 기획출판 방식의 또 다른 한계로 작용합니다. 출판사는 자신들의 기획 방향과 시장성을 고려하여 원고를 선정하기 때문에, 모든 원고가 기획출판으로 이어지지는 않습니다. 즉, 저자가 제출한 원고가 출판사의 브랜드 가치와 기획 전략, 그리고 시장에서의 판매 가능성과 맞지 않으면, 계약 제안을 받지 못할 수 있습니다. 기획출판을 통해 책을 내고자 하는 저자는 자신의 원고가 출판사의 전략적 요구와 얼마나 부합하는지를 미리 고려하고, 필요하다면 원고를 수정하거나 보완하는 노력이 필요합니다. 이러한 선정 기준은 출판사가 지속 가능한 성장을 도모하는 데 중요한 역할을 하지만, 동시에 개별 저자에게는 높은 문턱으로 작용할 수 있음을 의미합니다.

3. 반(半)기획출판(비용 분담)

1) 특징

반기획출판은 출판사와 저자가 비용을 나눠 부담하고, 출판 과정과 결과물에 대한 결정도 함께 해나가는 모델입니다. 단순히 50:50이 아니라, 경우에 따라 저자가 인쇄비만 부담하거나, 디자인비와 인쇄비를 절반씩 나누는 등 다양한 형태가 있을 수 있습니다. 1인 출판사 입장에서는, 저자와 출판사가 공동투자·공동 책임을 지는 방식이라고 볼 수 있습니다. 저자도 출간 비용 일부를 부담하기 때문에, 출판사는 편집·마케팅에 더 많은 의지를 보일 수도 있고, 저자의 의견도 어느 정도 존중하는 편입니다.

2) 장점

- **비용·의사결정 균형** : 비용·의사결정 균형은 반(半)기획출판의 가장 큰 장점 중 하나입니다. 전액 자비출판은 제작 비용 부담이 크고 리스크가 높아 저자에게 부담이 되며 반면에 전액 기획출판은 출판사가 모든 비용을 부담하는 대신 저자의 창의적 자유가 제한될 수 있습니다. 반기획출판은 이 두 극단 사이에서 비용과 의사결정을 공동으로 부담함으로써 양측 모두의 위험과 이익을 분산시킬 수 있는 절충점 역할을 합니다. 이를 통해 저자는 자신의 아이디어와 의견을 어느 정도 반영할 수 있고, 출판사는 편집·마케팅에 더 적극적으로 투자하여 결과물의 품질을 높일 수 있습니다

- **저자 의견 반영 가능성** : 반(半)기획출판 방식에서는 저자가 비용의 일부를 부담하기 때문에, 자비출판에 비해 완전한 자유는 다소 제한되지만 여전히 디자인, 콘셉트 등 출판물 제작에 있어서 본인이 원하는 방향을 요구할 수 있는 여지가 마련됩니다. 저자가 일부 비용을 분담함으로써 출판사와의 협력 과정에서 자신의 창의적인 의견과 선호를 보다 적극적으로 반영할 수 있으며 결과물에 대한 만족도를 높일 수 있는 기회를 제공합니다. 출판사는 저자의 비용 부담을 고려하여 일정 부분 의견을 존중하려는 노력을 기울이게 되고, 이에

따라 디자인, 편집, 표지 구성 등에서 저자의 개성과 취향을 반영할 가능성이 높아집니다. 이런 방식은 독창적이고 차별화된 책 제작을 원하는 저자에게 유리한 선택지로 작용할 수 있습니다.

• **출판사의 전문 지원** : 출판사의 전문 지원은 반(半)기획출판에서 중요한 강점으로 작용합니다. 비용 중 일부를 출판사가 부담함에 따라 출판사는 저자 원고의 품질 향상과 책의 완성도를 높이기 위한 편집, 교정, 디자인 작업에 더욱 신경을 쓸 수 있습니다. 전문적인 마케팅 전략과 유통망을 적극 활용하여 책이 시장에서 성공할 수 있도록 체계적인 지원을 제공하려는 의지가 강화됩니다. 이러한 지원 덕분에 저자와 출판사는 공동의 목표를 향해 협력하게 되며, 결과적으로 독자들에게 높은 신뢰와 만족을 선사하는 완성도 높은 출판물이 탄생할 수 있습니다.

3) 단점

• **협의 과정의 복잡함** : 협의 과정의 복잡함은 반(半)기획출판 방식의 중요한 단점 중 하나입니다. 비용 부담과 이익 분배, 각자의 역할에 대해 어느 부분의 비용을 어떻게 나눌지, 이익은 어떤 비율로 분배할지 세부 사항을 꼼꼼하게 계약서에 명시해야 합니다. 만약 협의 과정에서 이러한 세부 조건이 명확하게 정해지지 않거나, 어느 한쪽의 책임 소재가 불분명해지면, 이후 분쟁이나 갈등으로 이어질 위험이 있습니다. 따라서, 계약 전 충분한 논의와 명확한 문서화, 때로는 법률 자문까지 고려하여 협의 과정을 철저히 진행하는 것이 필수적입니다.

• **중단 우려** : 중단 우려는 반(半)기획출판 방식의 단점 중 하나로, 저자와

출판사의 의견이 충돌하거나 투자 비용에 대한 인식 차이가 발생할 경우 갈등이 증폭될 수 있습니다. 양측이 비용 부담, 이익 분배, 편집 및 마케팅 방향 등에 대해 합의하지 못하면 협업이 중단되거나 프로젝트 자체가 지연될 위험이 있습니다. 이런 경우, 서로의 역할과 책임이 불분명해져 신뢰가 무너지고, 결과적으로 출간 계획이 취소될 수도 있습니다. 따라서 초기 협의 단계에서 충분한 논의와 명확한 계약서를 통해 이러한 문제를 사전에 방지하는 것이 매우 중요합니다.

절충의 한계 : 절충의 한계는 반(半)기획출판 방식에서 나타나는 단점 중 하나로 기획출판처럼 출판사의 전폭적인 지원을 기대하기 어렵고, 자비출판처럼 저자가 모든 권한을 행사하기도 어렵다는 점에서 비롯됩니다. 이 방식은 비용과 의사결정을 공동으로 부담하며 서로의 의견을 조율해야 하므로 양측 모두 원하는 만큼의 지원이나 자유를 누리기 힘들 수 있습니다. 그 결과, '중간지점'이 가져야 할 장점이 반감되어, 최종 결과물에서 기대하는 바를 완전히 달성하지 못할 위험이 있습니다. 이러한 문제를 해결하기 위해서는 초기 계약 단계에서 세부 사항을 명확히 하고, 지속적인 소통을 통해 서로의 요구와 책임을 분명히 하는 노력이 필요합니다.

자비출판, 기획출판, 반기획출판은 각각 작가와 출판사가 추구하는 목표와 상황에 따라 선택할 수 있는 다양한 모델입니다. 작가의 창작 스타일, 목표, 그리고 상황을 고려하여 가장 적합한 출판 모델을 선택하고, 각 방식의 단점을 보완할 전략을 마련하는 것이 성공적인 출판의 열쇠입니다. 여러분의 출판 여정에 맞는 올바른 선택이 풍부한 콘텐츠와 독자와의 깊은 소통으로 이어지기를 바랍니다.

* 출판별 종합 비교 *

구분	자비 출판	기획 출판	반기획 출판
비용 부담	저자 전액	출판사 전액	저자 + 출판사 분당
의사 결정	저자 주도권 큼	출판사 주도	공동 의사결정
수익 배분	저자 수익 극대화	인세 형태로 분배	투자 비율에 따는 분배
장 점	저자의 자유도 높음 저자 수익 극대화 출간 일정 자유	비용 부담 적음 적극 마케팅 지원 시장성 확대	비용 위험 분담 부분적 마케팅 지원 저자의 기획의도 반영
단 점	비용 전액 부담 유통망 부족 홍보 어려움	저자 자유도 낮음 출간 문턱 존재 인세 제약	적합한 출판사 찾기 난이 비용·수익 분배 갈등 마케팅 지원 한계

"내가 책을 팔 수 있을까? 현실적인 시장 분석

책을 내고 판매하는 꿈은 누구나 한 번쯤 품어본 열망이지만, 실제 시장에서 성공적으로 책을 판매하기 위해서는 현실적인 분석과 전략이 필요합니다. 여기서는 내가 책을 팔 수 있을지에 대한 현실적인 시장 분석과 함께, 어떤 요소들이 성공에 영향을 미치는지 살펴보겠습니다.

1. 독자층과 시장 수요 분석

• 타깃 독자 정의 : 출판 프로젝트를 시작하기 전에 가장 중요한 작업 중 하나는, 내 메시지가 누구에게 가장 큰 울림을 줄 수 있을지 구체적으로 정의하는 것입니다. 만약 인생의 역경을 극복하고 새로운 시작을 알리는 이야기를 전달하고자 한다면, 주로 30대에서 40대의 직장인이나 중년의 위기감을 느끼는 분들이 주요 타깃 독자로 설정될 수 있습니다. 이 분들은 경제적·심리적 압박 속에서도 자신만의 길을 찾고자 하며, 현실적인 조언과 따뜻한 위로가 담긴 이야기에 큰 공감을 보이실 것입니다.

또한, 특정 질병이나 어려움을 극복한 경험을 공유하고자 할 경우, 비슷한 상황에 처해 계신 환자 분들이나 그 가족, 혹은 이를 극복하기 위한 정보를 찾고자 하시는 분들도 중요한 독자층으로 볼 수 있습니다. 예를 들어, 뇌경색과 같은 중대한 건강 위기를 겪은 분들이나, 그러한 경험을 통해 인생의 전환점을 모색하시는 분들에게 내 메시지가 큰 희망과 도전의 계기로 전달될 수 있을 것입니다. 이처럼 타깃 독자를 구체적으로 정의하는 과정에서는 연령, 성별, 직업, 그리고 삶의 경험 등 다양한 요소를 고려할 필요가 있습니다. 또한, 각 독자층의 특성과 관심사를 면밀히 분석하여 메시지의 톤과 콘텐츠를 조정하는 것이 중요하다고 판단됩니다.

현실적인 예로 한 신진 작가께서 청년 실업 문제와 사회적 불안을 주제로 한 책을 기획하실 때, 주요 타깃 독자를 대학 졸업 후 취업에 어려움을 겪고 계신 청년층으로 정의하시고, 그들의 언어와 생활 패턴에 맞는 콘텐츠와 사례를 담으심으로써 큰 공감을 이끌어내신 사례가 있습니다. 이처럼 구체적인 독자 정의는 출판 프로젝트의 성공 여부에 큰 영향을 미치며, 사전에 설문 조사, 인터뷰, 온라인 커뮤니티 분석 등을 통해 실제 독자 분들의 목소리를 반영하는 것이 효과적이라고 생각됩니다.

• **시장 수요 파악** : 타깃 독자가 명확하게 정의되었다면, 다음 단계는 이들에게 전달할 메시지가 실제 시장에서 얼마나 필요로 하는지를 파악하는 것입니다. 이를 위해 온라인 서점, SNS, 블로그 등 다양한 플랫폼에서 유사한 주제의 책들이 얼마나 인기를 끌고 있는지, 그리고 독자 분들의 리뷰나 피드백을 분석하는 것이 필수적이라고 보입니다.

온라인 서점의 베스트셀러 리스트를 분석해 보시면, 인생 역경 극복이나 자아 성찰을 다룬 책들이 꾸준히 상위권을 유지하고 있는 것이 확인됩니다. 이러한 데이터는 독자 분들께서 해당 주제에 높은 관심을 가지고 계시며, 관련 콘텐츠에 대한 수요가 지속적임을 시사합니다. 아울러, SNS나 블로그에서는 특정 주제에 대한 해시태그, 댓글, 추천 포스트 등을 통해 독자 분들이 어떤 문제에 대해 공감하고 계시며, 어떤 종류의 이야기를 더 보고 싶어하시는지를 실시간으로 파악할 수 있습니다.

또한, 리뷰 분석을 통해 독자 분들의 반응을 정량적 및 정성적으로 평가할 수 있습니다. 예를 들어, 어느 출판사에서 인생 역경을 극복한 이야기를 다룬 책을 출간한 후 독자 분들의 리뷰를 분석한 결과, "감동적입니다", "실제 경험에 기반한 더 많은 조언을 듣고 싶습니다" 등의 긍정적인 피드백과 함께, "더 구체적인 사례가 있었으면 좋겠습니다"라는 건설적인 의견이 다수 확인되었다면, 이는 독자 분들께서 더욱 세밀하고 구체적인 내용을 원하고 계심을 의미합니다. 이러한 피드백은 차후 작품 기획이나 마케팅 전략 수립에 매우 중요한 데이터로 활용될 수 있다고 판단됩니다.

2. 경쟁 분석

출판 시장은 경쟁이 치열합니다. 비슷한 주제나 장르의 책들이 이미 많이 출간되어 있다면, 그 책들이 어떤 점에서 강점을 가지는지, 그리고 내 책은 어떤 차별점을 내세울 수 있는지를 분석해야 합니다.

• 경쟁 책 조사 : 출판 시장에서 성공적인 작품을 기획하기 위해서는 경쟁 책에 대한 면밀한 조사가 필수적입니다. 베스트셀러 목록이나 독자 평점을 참고하여 경쟁 책들의 특징, 가격대, 디자인, 그리고 마케팅 전략 등을 분석하는

과정은 내 작품이 시장에서 어떻게 포지셔닝되어야 하는지를 결정하는 데 큰 도움이 됩니다. 최근 베스트셀러로 선정된 자아 성찰 관련 도서들을 살펴보면 대부분이 깔끔하고 현대적인 디자인을 채택하고 있으며, 가격대는 중저가로 설정되어 독자 분들이 쉽게 접근할 수 있도록 구성되어 있음을 확인할 수 있습니다.

이들 도서는 SNS 및 온라인 서점 리뷰에서 독자 분들의 높은 평가를받는 동시에, 저자 인터뷰나 독자 이벤트 등 다양한 마케팅 전략을 활용하고 있음을 보입니다. 이와 같이 경쟁 책들의 전반적인 특징을 정리하고, 가격 정책, 표지 디자인, 프로모션 활동, 독자 피드백 등을 종합적으로 분석함으로써, 내 작품이 경쟁 도서들 사이에서 어떤 장점을 부각시켜야 하는지를 명확하게 파악할 수 있습니다.

• 차별화 요소 : 경쟁 책 조사를 통해 시장의 트렌드와 독자 분들의 요구 사항을 이해한 후에는, 내 책만의 독창적인 시각, 스타일, 혹은 접근 방법을 도출하는 것이 중요합니다. 차별화 요소를 확실히 제시하면 독자 분들께 왜 내 책을 선택해야 하는지 명확한 이유를 제공할 수 있습니다. 경쟁 도서들이 주로 경험담이나 일반적인 조언에 집중하는 반면, 내 작품은 뇌경색과 같은 심각한 건강 위기를 극복한 구체적인 사례와 전문적인 분석을 결합하여, 실질적인 도움을 줄 수 있는 맞춤형 전략과 해결책을 제시하는 점에서 차별화됩니다.

내 책의 디자인은 전통적인 출판물과는 달리, 현대적 감각과 독창적인 일러스트를 접목하여 독자 분들이 시각적으로도 큰 만족을 느끼실 수 있도록 구성할 계획입니다. 마케팅 전략 측면에서도, SNS와 온라인 커뮤니티를 적극 활용하여 독자 분들과 실시간 소통을 강화하고, 독자 참여형 이벤트나 독자 의견

수렴을 통해 책 내용에 반영하는 등, 독자와의 지속적인 상호작용을 통해 차별화를 도모할 것입니다.

3. 마케팅 전략과 유통 채널

책이 아무리 훌륭해도, 적절한 마케팅 전략과 다양한 유통 채널이 마련되어 있지 않으면 독자 분들께 도달하기 어려워집니다. 전문적인 홍보 콘텐츠를 제작하여 책의 강점을 부각시키고, 초기 독자 분들의 피드백을 신속하게 수집하여 전략을 보완하는 것이 중요합니다. 이러한 체계적 노력이 모여 독자 분들과의 깊은 소통과 신뢰를 구축하게 되며, 결국 작품의 인지도와 판매율을 높이는 데 결정적인 역할을 하게 됩니다.

• **온라인 및 오프라인 채널** : 온라인 채널로는 전자책 플랫폼, 온라인 서점, SNS, 독서 커뮤니티 등을 효과적으로 활용할 수 있습니다. 예를 들어, 전자책 플랫폼인 밀리의 서재, 리디북스, 교보문고 전자책 등을 통해 작품을 등록하고, 관련 키워드를 꼼꼼하게 설정하면 독자 분들께서 검색을 통해 쉽게 접근할 수 있습니다. 또한, 인스타그램, 페이스북, 트위터와 같은 SNS에서는 책의 출시 소식이나 주요 내용을 짧은 동영상, 이미지, 포스팅 등으로 홍보함으로써 다양한 독자 분들께 도달할 수 있습니다. 오프라인 채널로는 서점 이벤트, 독서 모임, 저자 강연 등을 진행하여 직접 독자 분들과 만나 소통할 수 있는 기회를 마련하면, 책에 대한 신뢰도와 인지도를 높일 수 있음을 확인할 수 있습니다.

• **홍보 콘텐츠** : 책의 핵심 메시지와 독창성을 효과적으로 전달하기 위해서는 전문적인 홍보 콘텐츠 제작이 필수적입니다. 이를 위해 책의 주제와 관련된

홍보 영상을 제작하거나, 책의 배경 스토리와 저자의 경험을 상세하게 담은 블로그 포스트를 작성하는 방법이 있습니다. 책이 전달하고자 하는 메시지의 중요성을 강조한 짧은 영상이나 인터뷰 형식의 콘텐츠를 제작하면 독자 분들께서 시각적으로도 책의 매력을 느끼실 수 있습니다. 또한, 기존 독자 분들의 리뷰와 추천사를 적극 활용하여 신뢰와 관심을 유도하는 것도 효과적입니다. 이러한 홍보 콘텐츠들은 온라인 서점, SNS, 공식 홈페이지 등 다양한 채널에 배포되어 독자 분들께 책의 가치를 전달하는 역할을하게 됩니다.

• 출판 후 피드백 : 출판 후 초기 독자 분들의 반응을 신속하게 수집하는 것은 향후 마케팅 전략을 개선하고 판매 촉진에 큰 도움이 됩니다. 온라인 서점의 리뷰, SNS 댓글, 독서 커뮤니티 내 의견 등을 면밀히 분석하여 독자 분들께서 어떤 부분에 가장 큰 공감을 보이시는지, 혹은 보완해야 할 점이 무엇인지 파악할 수 있습니다. 독자 분들께서 특정 주제에 대해 추가적인 정보나 구체적인 사례를 요청하신다면, 그에 따른 후속 콘텐츠나 마케팅 자료를 보완하여 제공할 수 있습니다. 이러한 피드백 수집 과정을 통해 독자 분들과의 소통을 강화하고, 독자 분들께서 제시해 주신 의견을 바탕으로 책의 내용이나 마케팅 전략을 유연하게 조정할 수 있음이 분명합니다.

4. 가격 전략과 수익 모델

책의 가격은 독자의 구매 결정에 큰 영향을 미칩니다. 따라서 합리적인 가격 설정이 필수적입니다. 원가, 경쟁 도서의 가격대, 타깃 독자의 소비 패턴 등을 종합적으로 고려하여 책의 가치를 적절히 평가하고, 이를 바탕으로 최적의 가격 전략을 수립해야 합니다.

• **합리적 가격 설정** : 책의 가격은 독자 분들의 구매 결정에 결정적인 영향을 미칩니다. 내 책의 내용, 분량, 그리고 경쟁 도서와의 비교 분석을 통해 적절한 가격대를 설정하는 것이 중요합니다. 예를 들어, 유사한 주제와 분량을 가진 경쟁 도서들의 가격대를 조사하고, 그에 따른 독자 분들의 구매 반응을 분석하면, 내 작품의 가치를 적절히 반영하는 가격 전략을 수립할 수 있습니다. 또한, 출판 비용과 제작 과정을 면밀히 고려하여 원가 대비 합리적인 이윤을 남길 수 있는 가격대를 결정하는 것이 필요합니다. 이를 통해 독자 분들께서는 가격 대비 우수한 콘텐츠를 제공받고 있다고 느끼게 되며, 장기적으로 브랜드 신뢰도도 강화될 것으로 보입니다..

• **다양한 포맷 제공** : 종이책뿐만 아니라 전자책 등 다양한 포맷을 제공함으로써 독자 분들의 선택의 폭을 넓히는 전략은 매우 효과적입니다. 출판사에서는 전자책과 종이책을 동시에 출시하거나, POD(Print On Demand) 시스템을 활용하여 주문형 인쇄 서비스를 도입할 수 있습니다. 이러한 포맷 다변화는 바쁜 현대인들이 언제 어디서나 편리하게 독서를 즐길 수 있도록 도와드리며 비용 부담을 줄여주는 효과도 있습니다. 더불어, 특정 독자층을 위한 오디오북 제작 역시 고려할 수 있는 옵션으로, 다양한 미디어 채널을 통해 작품을 확산시키는 데 기여할 것입니다.

5. 자기 발전과 지속적인 개선

책을 팔기 위한 첫 시도가 반드시 성공적으로 이어지지는 않을 수 있습니다. 중요한 것은 초기 실패를 통해 얻은 피드백을 기반으로, 다음 프로젝트에 반영하여 지속적으로 개선해 나가는 것입니다.

• **독자 피드백 수집** : 책이 출시된 후, 독자 분들의 의견을 적극적으로 수렴하는 과정은 매우 중요합니다. 온라인 서점 리뷰, SNS 댓글, 독서 커뮤니티에서의 피드백 등을 체계적으로 모니터링하여 긍정적 평가와 개선 사항을 면밀히 분석합니다. 이를 통해 독자 분들께서 어떤 부분에서 만족하시고, 어떤 점에서 보완이 필요한지를 파악할 수 있습니다. 이와 같은 피드백 수집은 후속작품 기획은 물론, 재판촉 전략 수립에도 큰 도움이 됩니다. 독자 분들의 소중한 의견을 반영하여 콘텐츠를 개선하고, 마케팅 전략을 수정함으로써, 독자와의 신뢰 관계를 더욱 공고히 할 수 있으며, 장기적인 브랜드 가치 향상에도 기여할 수 있습니다.

• **트렌드 변화에 민감** : 시장은 빠르게 변화하고 있으므로, 최신 트렌드를 주시하는 것은 필수적입니다. 디지털 미디어 환경, 독자 분들의 소비 패턴, 그리고 새로운 마케팅 기법 등을 지속적으로 모니터링하며, 현재 유행하는 콘텐츠 형식이나 유통 방식을 파악합니다. 이를 바탕으로 내 콘텐츠와 마케팅 전략을 유연하게 조정할 필요가 있습니.변하는 시장 상황에 민감하게 대응하면 독자 분들께 보다 적절하고 시의적절한정보를 제공할 수 있으며, 이를 통해 독자와의 소통을 강화하고 장기적인 성공 도모할 수 있습니다.

결국, "내가 책을 팔 수 있을까?" 라는 질문은 단순한 희망의 문제가 아니라, 철저한 시장 분석과 전략적 접근을 통해 충분히 해답을 찾을 수 있습니다. 먼저 타깃 독자층의 요구와 특성을 면밀히 파악하여, 이들이 어떤 내용에 공감하고 어떤 메시지를 원하시는지를 분석하는 것이 중요합니다. 또한 경쟁 시장의 상황을 정밀하게 검토하고, 유사한 주제의 도서들이 어떤 강점을 보이고 있는지, 가격 정책과 마케팅 전략은 어떻게 구성되어 있는지를살펴봄으로써 내책만의 독창적인 차별점을 도출할 수 있습니다. 이와 같은 전략적 접근과 효과적인 마케팅, 합리적인 가격 정책을 바탕으로 책을 홍보한다면, 독자 분들께서 자연스럽게 내 작품의 가치를 인식하시고 구매로 이어질 가능성은 분명 존재하게 됩니다.

출판은 단순히 물리적인 제품을 생산하는 것을 넘어, 작가와 독자 간의 진솔한 소통 수단임이 틀림없습니다. 현실적인 시장 분석과 꾸준한 노력, 그리고 지속적인 개선의 과정을 통해 여러분의 책이 독자 분들의 마음에 깊은 울림을 줄 날이 반드시 올 것이라고 확신합니다. 여러분의 열정과 아이디어가 성공적인 결과로 이어지기를 바라며, 그 과정에서 얻은 소중한 경험들이 향후 작품 활동에 큰 밑거름이 될 것임을 믿어 의심치 않습니다.

1인 출판사의 성공 사례들

1인 출판사는 한 사람이 기획, 편집, 출판, 유통, 마케팅까지 모든 과정을 담당하는 출판 형태로, 최근 다양한 분야에서 주목받고 있습니다. 특히 MZ 세대의 창의성과 도전 정신을 반영한 성공적인 1인 출판사 사례들이 많습니다.아래 몇 가지 대표적인 사례를 통해 인사이트를 얻어보겠습니다.

1. 헤엄출판사 _ 이슬아 작가

이슬아 작가는 학자금 대출 상환을 위해 매일 한 편의 글을 이메일로 구독자에게 전달하는 '일간 이슬아' 서비스를 시작했습니다. 이 독특한 유통 방식은 큰 호응을 얻었고, 이를 기반으로 2019년 1인 출판사인 '헤엄출판사'를 설립했습니다. 이후 자신의 글을 모아 수필집을 발간하며 독자들과의 직접 소통을 통해 성공적인 출판 활동을 이어가고 있습니다.

2. 소와다리 출판사 _ 김소월 초판본, 윤동주 유고 시집

소와다리는 2012년 외국어 서적으로 시작하여 약 50여 종의 책을 출간한 1인 출판사입니다. 김소월 초판본 시집을 출간하여 3개월 13만 부 이상, 특히 윤동주 시집은 한달만에 50만부 판매하는 성과를 거두었습니다. 이는 영화 '동주'의 영향도 있었지만, 독특한 디자인과 번역으로 독자들의 관심을 끌며 틈새시장에서 성공한 사례로 평가됩니다.

3. 세움북스 - 강인구 대표

세움북스는 1인 출판사로 설립되어 200권이 넘는 도서를 출판한 사례입니다. 강인구 대표는 무명의 저자를 발굴하여 스테디셀러를 만들어냈으며, 특히 임경근 목사의 <교리와 함께하는 365 가정예배>는 20쇄를 찍을 정도로 큰 인기를 끌었습니다. 강 대표는 주제가 확실한 기획 출판을 통해 독자들의 신뢰를 얻는 것이 중요하다고 강조합니다.

4. 목수책방 _ 전은정 대표

전은정 대표는 생태 전문 출판사 '목수책방'을 설립하여 자연과 관련된 서적을 출간하고 있습니다. 잡지 에디터로서의 경험을 바탕으로 자신이 만들고 싶은 책을 출판하며, 2년 만에 4권의 책을 출간하는 등 꾸준한 활동을 이어가고 있습니다. 비록 출판사 운영만으로 생계를 유지하기는 어렵지만, 독자들과의 소통을 통해 출판사의 정체성을 확립해 나가고 있습니다.

5. 유유 출판사 _ 조성웅 대표

유유 출판사는 조성웅 대표가 설립한 1인 출판사로, 저자 섭외부터 편집, 마케팅까지 모든 과정을 직접 담당하고 있습니다. 특히 저자와의 긴밀한 소통을 통해 독자들에게 가치 있는 콘텐츠를 제공하며, 교보문고 베스트셀러 30위 안에 드는 등 성공적인 출판 사례를 만들어가고 있습니다.

이러한 사례들을 통해 1인 출판사는 독특한 콘텐츠와 주제에 대한 전문성, 그리고 독자와의 적극적인 소통을 통해 성공할 수 있음을 알 수 있습니다. 자신만의 아이디어와 열정을 바탕으로 1인 출판사에 도전해보는 것은 의미 있는 선택이 될 것입니다.

현실적인 자본금 이야기 (돈 없이도 가능할까?)

자금이 넉넉하다면 사무실 문제는 고민할 필요가 없습니다. 독립된 사무실이 있으면 업무에 몰입할 수 있는 전용 공간을 확보할 수 있으니까요. 사업 초기 단계에서 사무실 임대료가 부담스럽다면 사무실 없이 집에서 혼자해도 됩니다. (조용한 개인 공간이 있다면 더욱 좋겠죠.) 컴퓨터와 인디자인 등 프로그램만 있으면 됩니다. 그리고 비용을 최소화할 수 있는 다양한 방법은, 최근 소규모 사무실(소호 사무실)의 수요가 급증하면서, 적은 비용으로도 사무실을 마련할 수 있는 기회가 많아졌습니다. 예를 들어, 단독 1인실은 물론 4~5인이 함께 사용할 수 있는 공동 사무실 옵션도 존재합니다. 이러한 소호 사무실은 작은 출판사에 특히 적합한 선택으로, 초기 투자 비용을 절감하면서도 마치 회사에 출근하는 기분을 느낄 수 있도록 해줍니다.

1인 출판사의 또 다른 강점은 언제 어디서나 일을 할 수 있다는 점입니다. 조용한 도서관이나 분위기 좋은 커피숍에서도 노트북 하나와 인터넷만 있다면, 충분히 업무를 수행할 수 있습니다. 이러한 업무 방식은 '노마드워킹'이라 불리며, 실제로 노마드워킹을 실천하는 출판사 대표들이 베스트셀러를 다수 출판한 사례도 있습니다. 외근이 잦은 경우라면 굳이 고정된 사무실을 마련하기보다는, 이런 유연한 작업 환경을 활용하는 것도 하나의 방법입니다. 물론, 사람이 많아 소음이 심한 환경에서는 집중력이 떨어질 수 있는 단점도 존재합니다. 이와 같이, 사무실 마련에 있어서도 자신의 상황과 필요에 맞는 다양한 옵션들을 고려할 수 있습니다. 초기 비용 부담을 줄이면서도, 독립된 업무 공간을 확보하는 방법은 충분히 많으므로, 각자의 스타일과 상황에 맞춰 현명하게 선택하시길 바랍니다.

1. 초기 투자 비용의 최소화

• 전자책 활용

최근 전자책 출판은 인쇄 비용 부담 없이 작품을 세상에 내놓을 수 있는 가장 현실적이고 경제적인 방법으로 주목받고 있습니다. 전자책은 제작 비용이 현저히 낮으며, 초기 비용 투자가 거의 필요하지 않아 신진 작가나 1인 출판사에게 특히 유리합니다. 예를 들어, 한국의 대표적인 전자책 플랫폼인 밀리의 서재, 리디북스, 교보문고 등 전자책에서는 작품 등록이 비교적 간편하며, 수정이나 업데이트가 실시간으로 가능해 독자의 피드백을 반영하여 빠르게 개선할 수 있습니다. 이와 같은 플랫폼을 활용하면, 종이책과 달리 재고 부담 없이 지속적으로 콘텐츠를 업데이트하고 확산할 수 있다는 장점이 있습니다.

• 크라우드 펀딩

크라우드 펀딩은 창작 아이디어에 공감하는 독자나 후원자를 모집하여 책 제작 비용을 마련할 수 있는 혁신적인 방법압나더. 대표적인 국내 플랫폼으로 텀블벅이나 와디즈를 예로 들 수 있습니다. 이들 플랫폼에서는 예비 독자들이 프로젝트에 참여할 수 있도록 다양한 리워드를 제공함으로써, 자금을 모으는 동시에 독자와의 소통 창구를 마련할 수 있습니다. 실제로 몇몇 성공적인 1

인 출판 프로젝트들은 크라우드 펀딩을 통해 초기 제작 비용을 마련하고 후원자들과의 긴밀한 소통을 통해 작품의 완성도를 높인 사례들이 있습니다. 이를 통해 창작자는 자신의 작품을 시장에 내놓기 전 독자의 반응을 미리 확인할 수 있으며 이는 장기적인 성공의 밑거름이 됩니다.

• POD(Print On Demand) 시스템

POD 시스템은 인쇄 비용이나 재고 부담을 줄이고 싶을 때 이상적인 솔루션입니다. 이 방식은 주문이 들어올 때마다 책을 인쇄하는 방식으로, 대량 인쇄에 따른 초기 자본 부담을 획기적으로 낮춰줍니다. 예를 들어 인디고나 마스터와 같은 POD 시스템은 수요에 따라 자동으로 인쇄 이루어지기 때문에, 1인 출판사 입장에서는 재고 관리 및 보관에 따른 추가 비용 없이 운영할 수 있습니다. 이러한 시스템은 특히 소규모 시장을 겨냥한 작품이나 한정판 출판물에 매우 유용하며 경제적인 리스크를 최소화하면서도 독자에게 품질 좋은 인쇄물을 제공할 수 있다는 장점이 있습니다.

• 외주 및 프리랜서 활용:

편집, 디자인, 마케팅 등 전문 인력이 필요한 분야는 내부 인력을 채용하기보다 외주나 프리랜서 시스템을 활용하는 것이 비용 절감에 큰 도움이 됩니다. 국내외 프리랜서 플랫폼인 크몽, 재능넷, 위시켓 등을 통해 합리적인 가격에 전문 디자이너, 편집자, 마케팅 전문가를 쉽게 구할 수 있습니다. 예를 들어 특정 프로젝트 단위로 디자이너와 협업하여 책 표지 디자인을 진행한 후 독자 반응에 따라 디자인을 추가 수정하는 방식은 초기 비용 부담을 크게 낮추면서도 전문성을 유지할 수 있는 효과적인 방법입니다. 또한, 이러한 외주 활용은 고정 인건비 부담 없이 프로젝트 성격에 맞게 인력을 유동적으로 조절할 수 있어

1인 출판사의 운영 효율성을 높여줍니다 (단, 1인 출판사 초기에는 권장할만 하나 조금만 숙달되면 직접 하는 것이 좋습니다.)

출판은 단기적인 투자라기보다는 장기적인 문화 투자라고 볼 수 있습니다. 초기에 큰 수익을 기대하기보다는, 내 이야기를 전하고 독자와 소통하는 경험 을 쌓아가는 과정 자체가 큰 가치가 있습니다. 이를 통해 얻은 피드백과 경험 이 다음 프로젝트에 큰 자산이 될 것이며, 차츰 안정적인 수익 구조를 마련할 수 있게 됩니다.

결론적으로, 출판에 필요한 자본금은 분명 존재하지만, 큰 돈이 없다고 해 서 출판의 꿈을 포기할 필요는 없습니다. 전자책, POD 시스템, 크라우드 펀 딩, 외주 활용 등 다양한 방법을 통해 최소한의 투자로 시작할 수 있으며, 정부 지원 프로그램이나 협업을 통해 자금을 보완할 수 있습니다. 현실적인 비용 부 담을 인식하되, 창의적인 방법과 전략으로 출판에 도전한다면, 자본금이 부족 해도 충분히 성공적인 결과를 얻을 수 있습니다. 여러분의 열정과 아이디어가 현실이 되는 날이 분명 있음을 믿어 의심치 않습니다.

실패하면 안 되지만 실패해도 괜찮아

실패하면 안 되지만 실패해도 괜찮아

여러분. 제가 오늘 여러분께 전하고자 하는 이야기는 바로 실패해도 괜찮아요라는 메시지와 함께 초기 투자 부담이 적은 또는 초기 투자금이 없는 1인 출판사의 매력에 관한 것입니다. 사실 저는 식구들에게도 말을 안하고 처음 1인 출판사의 길을 걷기 시작했을 때 수많은 두려움과 걱정이 있었습니다. " 내가 과연 성공할 수 있을까?", " 실패하면 어떡하지?"라는 생각들이 머릿속을 스쳤습니다. 하지만 지금 돌이켜보면, 실패라는 경험조차도 제게는 소중한 배움의 기회였으며, 무엇보다 초기 투자 부담이 적었던 점이 저를 한층 더 용기 있게 만들어 주었음을 확신하였습니다.

처음 1인 출판사를 시작할 때 저는 무자본으로도 시작할 수 있다는 점에 큰 위안을 받았습니다. 요즘 MZ세대라면 아시겠지만, 디지털 시대에 들어서면서 출판 환경은 크게 변화하였습니다. 과거에는 인쇄소와 계약을 맺고 대량으로 책을 제작해야 했던 부담이 있었지만, 현재는 디지털 인쇄와 POD(Print On Demand) 시스템, 그리고 온라인 유통 플랫폼이 발달하였습니다. 그 결과,

초기 투자 비용은 최소화할 수 있었고, 실패하더라도 부담이 적어 다시 도전할 수 있는 환경이 마련되었다는 사실입니다.

저 역시 여러 번의 시도 끝에, 처음에는 생각대로 되지 않는 경우도 많았습니다. 한때는 "내가 만든 책이 독자에게 닿을 수 있을까?"라는 의구심에 밤잠을 설치기도 하였습니다. 그러나 이러한 실패와 좌절 속에서 저는 중요한 사실을 깨달았습니다. 바로 실패란, 성공으로 가는 필수적인 과정이었으며, 매번의 시도가 저를 더욱 단단하게 만들어 주었다는 것입니다. 실패를 두려워하지 않고 오히려 그 경험을 분석하며 발전시킬 수 있다면, 그것이야말로 진정한 성공의 밑거름이 될 수 있다고 믿어 의심치 않습니다.

특히, 무자본으로 컴퓨터 한 대와 인디자인 프로그램만 가지고 시작한 저에게 실험정신을 발휘할 수 있는 자유를 주었습니다. 저는 적은 비용으로 여러 가지 아이디어를 시험해 보았고, 그 중에서 독자들에게 반응이 좋았던 콘텐츠와 디자인 요소들을 중심으로 점차 제 출판사의 방향을 잡아갔습니다. " 실패해도 괜찮습니다"라는 말은 단순한 위로가 아니라, 도전하는 이들에게 전하는 강력한 메시지였습니다. 실제로 한 번은 비용을 아끼기 위해 스스로 편집과 디자인을 모두 맡아 제작하였는데, 그 결과 예상보다 많은 피드백을 받으며 책의 퀄리티를 높일 수 있는 계기가 되었습니다.

또한, 1인 출판사는 실험적인 프로젝트를 시도해 볼 수 있는 최적의 플랫폼이기도 합니다. 저는 '이런 주제의 책은 없을까?'하는 생각이 들 때마다, 두려움 없이 도전해 보았습니다. 초기 자본의 부담이 크지 않기에, 만약 결과가 만족스럽지 않더라도 그 손실은 크지 않았습니다. 오히려 여러 번의 실패를 통해 제가 어떤 콘텐츠에 강점을 가지고 있는지, 그리고 어떤 디자인이 독자들의 눈길을 사로잡는지에 대한 인사이트를 얻을 수 있었습니다.

이 과정에서 제가 깨달은 가장 큰 교훈은 "실패는 새로운 시도의 씨앗이다"라는 점입니다. 한 번의 실패가 끝이 아니라, 오히려 다음 도약을 위한 밑거름임을 인지하는 것이 중요합니다. 여러분께서도 1인 출판사의 길을 걷게 된다면, 초기의 작은 투자와 부담을 두려워하지 마시고, 실패를 두려워하지 않는 용기와 도전정신을 갖추시길 바랍니다. 실패를 겪더라도 그것이 여러분을 포기하게 만드는 것이 아니라, 오히려 새로운 가능성과 기회를 발견하게 해 줄 것입니다.

결론적으로, 초기 투자 부담이 적은 1인 출판사는 여러분에게 무한한 도전의 기회를 제공합니다. 실패해도 괜찮습니다. 그 경험을 통해 배우고, 성장하며, 결국 여러분만의 독창적인 콘텐츠와 브랜드를 만들어 가실 수 있을 것입니다. 여러분, 두려움 없이 한 걸음 내딛으시길 바랍니다. 이것이 바로 제가 걸어온 길이었으며, 앞으로도 계속해서 도전할 것이었습니다.

3장 _ 실전! 출판사 창업하기

출판사 이름 정하기

출판사를 처음 시작할 때 가장 먼저 해야 할 일 중 하나는 바로 출판사 이름을 정하는 것입니다. 이름은 단순한 상호명이 아니라 출판사의 정체성을 나타내고, 독자와 서점에서 브랜드로 인식되기 때문에 매우 중요한 요소입니다. 하지만 좋은 이름을 떠올렸다고 해서 바로 사용할 수 있는 것은 아닙니다. 이미 다른 출판사가 사용하고 있을 가능성이 있기 때문에 반드시 중복 여부를 확인해야 합니다.

이를 위해 문화관광부에서 제공하는 '출판사 / 인쇄소 검색 시스탬' 서비스를 활용하면 현재 대한민국에 등록된 출판사의 이름과 현황을 검색할 수 있습니다. 이 사이트를 통해 원하는 이름이 이미 등록되어 있는지, 비슷한 이름이 있는지 확인할 수 있습니다. 이는 단순히 법적 문제를 피하기 위해서뿐만 아니라 혼선을 방지하기 위해서도 매우 중요한 단계입니다.

이때 알아두어야 할 점은 같은 이름이라도 사업장 관할 구역이 다르면 출판사 등록이 가능하다는 것입니다. 예를 들어, 서울에 '북토크'라는 출판사가 있다면 서울에서는 동일한 이름으로 출판사를 등록할 수 없지만, 인천이나 다른 지역에서는 등록할 수 있습니다. 이는 각 지역의 관할 구역이 다르기 때문입니다.

※ 출판사 / 인쇄소 검색 시스템 (https://book.mcst.go.kr)

그러나 이런 경우라도 주의해야 할 부분이 있습니다. 같은 이름이지만 지역만 다를 경우 독자는 물론이고 서점에서도 혼동할 수 있습니다. 예를 들어, 독자가 특정 책을 검색할 때 같은 이름의 출판사가 여러 개 나오면 헷갈릴 수 있습니다. 서점에서는 주문이나 송금을 잘못 처리할 수 있으며, 심지어는 다른 출판사의 책이 잘못 반품되는 일도 생길 수 있습니다. 이런 혼선은 실제로 출판업계에서 가끔 발생하는 문제입니다.

따라서 이런 혼동을 피하기 위해서는 출판사 이름을 완전히 다르게 정하거나, 기존에 사용 중인 이름과 유사하더라도 차별화된 요소를 추가하는 것이 좋습니다. 예를 들어 '북토크'라는 이름을 꼭 쓰고 싶은데 이미 다른 출판사가 사용 중이라면 '북토크북스', '북토크하우스'처럼 다른 단어나 수식어를 덧붙여 변형할 수 있습니다. 이렇게 하면 원하는 이름의 느낌을 유지하면서도 고유성을 확보할 수 있습니다.

출판사 이름은 가급적 짧고 기억하기 쉬운 것이 좋습니다. 독자나 거래처가 쉽게 기억하고 검색할 수 있어야 하기 때문입니다. 너무 긴 이름이나 발음하기 어려운 이름은 기억에 남기 어렵고, 브랜드 인지도에도 영향을 미칠 수 있습니다. 이름을 정한 후에는 해당 이름의 도메인(웹사이트 주소)도 확인하는 것이 좋습니다. 최근에는 온라인 마케팅과 홍보가 중요해지면서 출판사도 자체 웹사이트나 SNS 계정을 운영하는 경우가 많기 때문입니다. 이름과 일치하는 도메인을 확보하면 통일된 브랜드 이미지를 구축할 수 있습니다.

이처럼 출판사를 처음 시작할 때는 이름부터 신중하게 고민하고 여러 가지 가능성을 검토해야 합니다. 이름은 단순한 상호명이 아닌 출판사의 아이덴티티를 나타내는 중요한 요소이기 때문에 충분한 시간을 들여 고민하고 결정해야 합니다.

Q 출판사 이름도 상표등록을 해야 하나요?

출판사를 처음 시작할 때는 좋은 이름을 정하는 것만큼이나 그 이름을 보호하는 것도 중요합니다. 아무리 멋진 이름을 만들어도 다른 사람이 비슷한 이름을 사용한다면 브랜드 이미지가 혼란스러워질 수 있기 때문입니다. 그래서 자신의 출판사 이름을 다른 사람이 사용하지 못하게 하려면 반드시 상표 등록을 해야 합니다.

상표 등록은 특허청을 통해 할 수 있으며, 출판사 이름뿐만 아니라 로고, 심볼 등도 함께 등록하면 보다 강력하게 보호할 수 있습니다. 등록 과정에서는 이미 사용 중인 상표와의 중복 여부를 확인하게 되는데, 이때 비슷한 발음이나 의미까지 검토하므로 꼼꼼하게 준비해야 합니다.

처음 출판사를 시작하면서 상표 등록은 다소 낯설고 복잡하게 느껴질 수 있습니다. 하지만 초기 단계에서 확실하게 해두면 앞으로 브랜드를 키워나가는 데 큰 도움이 됩니다. 브랜드 이미지를 보호하고, 신뢰할 수 있는 출판사로 자리 잡기 위해서는 상표 등록을 꼭 고려해야 합니다.

※ 상표 무료 검색 사이트(www.kipris.or.kr)

출판사 신고 확인증 신청 방법

출판사 이름이 정해지고 나면, 해당 구청에 들려 출판사 신고서를 제출해야 합니다. 보통은 문화체육과에서 하는데 각 구청마다 다를 수 있으니 담당과를 전화로 확인하는 것이 좋을 것 같습니다. 많은 사람들이 출판사 등록을 어렵게 생각하지만, 사실 절차 자체는 매우 간단합니다. 엄밀히 말하면 출판사는 '등록'이 아니라 '신고'에 해당합니다. 즉, 출판사를 만들겠다고 통보만 하면 되고, 특별한 결격사유가 없는 한 누구나 출판사를 운영할 수 있습니다. 하지만 편의상 여기서는 '등록'이라고 표현하겠습니다.

1. 출판사 등록, 어렵지 않습니다

출판사 등록은 생각보다 간단합니다. 서류만 제출하면 끝이기 때문입니다. 출판사 등록은 사업장 주소지 관할 시·군·구청에서 하며, 대부분 문화 관련 부서에서 담당합니다. 다만, 출판사 등록 업무를 자주 하지 않는 기관에서는 담당자가 절차를 잘 모를 수 있으므로 미리 전화로 확인하는 것이 좋습니다. 필요한 서류가 무엇인지, 담당자가 어디에 있는지 물어보면 불필요한 시행착오를 줄일 수 있습니다.

2. 방문 전에 꼭 확인해야 할 것

출판사 등록을 하러 갈 때는 반드시 전화로 확인한 후 방문하는 것이 좋습니다. 만약 준비물을 빠뜨리거나 담당자가 부재 중이라면 불필요하게 시간을 낭비하게 됩니다. 특히, 담당 공무원에게 '출판사 이름이 등록 가능한지' 꼭 물어봐야 합니다. 문화관광부 사이트에서 이름을 검색했을 때 중복되지 않는다고 나와도, 실제 신청 단계에서 중복으로 나오는 경우가 있기 때문입니다. 이러한 상황이 발생하면 시간을 낭비하게 되므로 사전에 확인하는 것이 중요합니다.

3. 준비할 서류

신분증과 사무실이 있는 경우는 '임대차 계약서가' 있어야 합니다. 사무실 없이 살고 있는 집을 사업장으로 할 경우는 본인 명의로 되어 있으면 상관없지만 '전세' '월세'의 경우는 '임대차 계약서'가 있어야 하고, 부모님집이나 기타 친척집에 무상거주를 하고 있을 경우는 '무상거주확인서(임의양식)'을 작성하여 가지고 가면 됩니다.

- 출판사 신고에 필요한 서류
- 출판사등록 신청서 (*해당 기관에서 제공)
- 신분증
- 도장 및 자필 사인
- 사업장 임대차 계약서
  - 본인 소유 집인 경우(*등기부등본 제출)
  - 전월세의 경우(*임대차 계약서 제출)
  - 부모집이나 친적집에 무상거주 할 경우(*무상거주확인서)

무상거주사실 확인서

무상거주자(신청인) 연락사항

성 명	
주민등록번호	
무상거주지주소	
연락처	

2. 거주기간 및 소유자 또는 임차인

거주기간	년 월 일 부터 ~ 현재까지	
건물소유자 또는 임차인	성명	
	주민등록번호	
	신청인과의 관계	
	연락처	

상기와 같이 무상거주하고 있음을 확인합니다

년 월 일

건물소유자(임차인)   서명 또는 날인

※ 무상거주사실확인서는 임의양식이므로
꼭 이 양식을 따를 필요는 없습니다

4. 등록 절차는 이렇게 진행됩니다

* 관할 시·군·구청 방문 하며 먼저 '출판사 등록하러 왔습니다'라고 말하면 신청서를 줍니다.

* 신청서에 기재사항을 (이름, 주소, 사업자 정보 등) 빠짐없이 정확하게 작성해야 합니다.

* 준비한 서류를 신청서와 함께 제출합니다.

 (필요한 서류는 각 지자체마다 다를 수 있으므로 미리 확인해야 합니다.)

* 신청 후 보통 3일 정도가 지나면 등록이 완료됩니다. 담당자가 문자메시지나 전화로 등록 여부를 알려주며, 문제가 없으면 출판사 등록증을 발급받습니다.

5. 등록면허세와 비용

출판사 등록이 완료되면 등록면허세를 납부해야 합니다. 이때 납부 금액은 지역에 따라 다소 차이가 있지만, 서울의 경우 1년에 약 27,000원 정도입니다. 등록면허세는 등록 후 출판사 등록증을 받을 때 납부하게 됩니다.

출판사 등록은 어렵지 않습니다. 단지 절차를 미리 파악하고, 필요한 서류를 준비하면 됩니다. 그리고 가장 중요한 것은 출판사 이름을 신중하게 정하고, 중복 여부를 철저히 확인하는 것입니다. 이렇게 하면 처음 출판사를 시작할 때 생길 수 있는 문제를 미리 예방하고, 순조롭게 출발할 수 있습니다.

출판사를 처음 시작하는 단계에서는 모든 것이 낯설고 복잡하게 느껴질 수 있지만, 하나씩 차근차근 준비해 나가면 큰 어려움 없이 등록을 마칠 수 있습니다. 준비를 철저히 해서 멋진 출판사를 만들어보세요.

■ 출판문화산업 진흥법 시행규칙 [별지 제1호서식] <개정 2019. 6. 25.>

출판사 [ ]신고서
[ ]변경신고서

접수번호		접수일	발급일	처리기간	3일

사업체	명칭		전화번호	
	소재지			

대표자	성명		생년월일	
	주소			

신고사항	신고번호		신고일	년 월 일

변경사항	변경 전	
	변경 후	

「출판문화산업진흥법」 제9조제1항 및 같은 법 시행규칙 제2조·제3조에 따라 위와 같이 신고합니다.

년 월 일

신고인

(서명 또는 인)

특별자치시장·특별자치도지사·시장·군수·구청장 귀하

첨부서류	변경신고를 할 경우: 출판사 신고확인증	수수료 특별자치시시·특별자치도·시·군·구 조례에 따라 ( )원

유의사항

1. 신고한 사항을 변경할 때에는 신고 사항이 변경된 날부터 20일 이내에 변경신고서를 제출해야 합니다.
2. 신고를 하지 않고 출판사의 영업행위를 한 사람은 100만원 이하의 과태료를 부과 받게 됩니다.

처리절차

신고	→	접수	→	검토	→	신고확인증 발급 또는 반납
신고인				처리기관:특별자치시시·특별자치도·시·군·구 (신고 담당부서)		

210㎜×297㎜[백상지(80g/㎡) 또는 중질지(80g/㎡)]

출 판 사   신 고 확 인 증

신고번호　제 2017-▓▓▓▓ ▓

　　　　　　　　　명 칭　　반달 뜨는 꽃섬
명칭 및 소재지
　　　　　　　　　소 재 지　▓▓▓▓ ▓▓▓▓

　　　　　　　　　성 명　　이은선
대 표 자
　　　　　　　　　주 소　　▓▓▓▓ ▓▓▓▓

신 고 연 월 일　2016 년 10 월 31 일

「출판문화산업 진흥법」제9조제2항과 같은 법 시행규칙 제4조제1항에
따라 위와 같이 출판사 신고를 마쳤음을 증명합니다.

　　　　　　　　　　　　　　　　　　　　　　　2017 년 9 월 5 일

서울특별시 송파구청장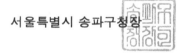

사업자 등록증 신청 방법

사업자등록은 출판사를 운영하기 위한 중요한 절차 중 하나입니다. 이는 관할 주소지의 세무서에서 할 수 있으며, 창업넷(www.changupnet.go.kr)에서 제공하는 온라인 재택 창업 절차를 통해 세무서에 방문하지 않고도 등록할 수 있습니다. 하지만 직접 세무서에 방문하는 것을 권장합니다. 세무서에 방문하면 세금 안내 자료를 받을 수 있고, 사업 운영과 관련된 질문도 할 수 있어 실질적인 도움을 얻을 수 있다. 또한, 국세청의 세무조사와 탈세에 대한 이해도 높아져 향후 사업 운영에 대한 두려움을 덜 수 있습니다.

- **사업자 등록증 신청시 필요한 서류**
- 사업자 등록신청서 1부 (세무서에 비치)
- 출판사등록증 사본 1부
- 임대차계약서 사본 1부
- 대표자 신분증 1부
- 대표자 도장 또는 자필 사인

개인사업자용 사업자등록 신청서를 작성하여 제출하면 크게 이상이 없으면

당일 바로 발급이 가능하고, 업태 및 종목에 문제가 있다면 세무서 심의를 거쳐 따로 연락이 옵니다. 작성요령은 세무서에 비치되어 있으니 걱정하지 않으셔도 됩니다. 개인사업자 과세의 기준은 면세사업자, 간이과세자, 일반과세자로 나뉘는데 출판사는 면세사업자입니다

사 업 자 등 록 증
(부가가치세 면세사업자)
등록번호 : 837-91-

| 상　　　호 : 반달 뜨는 꽃섬 | |
| 성　　　명 : 이은선 | 생 년 월 일 : 1963 년 10 월 26 일 |

개 업 연 월 일 :

사 업 장 소 재 지 :

사 업 의 종 류 : 업태 출판, 영상, 방송통신 및 정보서 비스업 / 도매 및 소매업　　　종목 기타 인쇄물 출판업 / 서적

발 급 사 유 : 정정

공 동 사 업 자 :

사업자 단위 과세 적용사업자 여부 : 여( ) 부(∨)

전자세금계산서 전용 전자우편주소 :

2017 년 09 월 06 일

잠 실 세 무 서 장

국세청

사업자등록은 출판사등록 후 바로 해야하는가?

출판사 등록과 사업자 등록은 서로 독립적인 절차입니다. 출판사 등록을 했다고 해서 반드시 즉시 사업자 등록을 해야 하는 것은 아닙니다. 또한, 사업자 등록을 하지 않았다고 해서 출판사 등록이 취소되거나 효력이 없어지지도 않습니다. 출판사 등록은 '출판사를 운영할 자격'을 얻는 과정이고, 사업자 등록은 '세금 관련 절차'를 위한 과정입니다.

사업자 등록은 출판 활동 중 비용이 발생하거나 수익이 발생할 시점에 하면 됩니다. 예를 들어, 책을 제작하기 위해 인쇄소에 비용을 지불하거나, 유통사에 납품 후 판매 대금을 정산받는 시점이 오면 사업자 등록이 필요합니다. 세금 계산서 및 계산서를 발급하거나 받아야 할 때 필요한 것이 바로 사업자 등록입니다. 그러므로 비용이 발생하기 전까지는 사업자 등록을 하지 않아도 됩니다.

저는 사업자등록증은 출판사 등록과 함께 바로 신청하는 것을 바람직하다고 생각합니다. 그래야 마음가짐도 새롭게하고 출판 사업에 매진하는 긍정적인 효과도 가져올 수 있습니다. 출판사 등록과 동시에 사업자등록증을 신청하는 것은 사업 초기 단계에서 행정 절차의 효율성을 극대화하고, 원활한 운영 기반을 마련하기 위함입니다. 이와 같은 접근 방식은 사업의 시작부터 법적, 제도적 요건을 모두 충족시키며, 안정적인 사업 환경을 구축하는 데 큰 도움이 됩니다.

첫째, 출판사 등록과 사업자등록증 신청을 동시에 진행함으로써, 불필요한 시간 낭비를 줄이고 행정 절차를 간소화할 수 있습니다. 이렇게 하면 두 가지 등록 절차가 서로 보완하며, 사업 전반에 걸친 체계적인 관리가 가능해집니다. **둘째,** 초기 단계에서부터 공식적인 사업자로서의 입지를 다지는 것은 투자자나 파트너, 독자들에게 신뢰를 주는 중요한 요소입니다. 이는 출판사의 브랜드 이미지를 강화하고, 향후 마케팅 및 협력 관계에서도 긍정적인 영향을 미칩니다. **셋째,** 동시 신청 방식은 향후 추가적인 행정 절차나 법적 요구사항이 발생했을 때, 이미 갖추어져 있는 사업자등록증이 큰 역할을 할 수 있으며, 전반적인 업무 효율성과 대응력을 높여줍니다.

따라서 출판사 등록과 함께 사업자등록증을 즉시 신청하는 것은 사업의 안정적 출발과 지속 가능한 발전을 위한 바람직한 선택이라 할 수 있습니다. (저는 2017년, 뇌경색이 호전되는 모습을 보이며 희망을 안고 사업자등록을 했습니다. 그러나 안타깝게도 병세가 다시 악화되면서, 2021년까지 무려 5년 동안 제대로 사업을 펼쳐보지도 못한 채 시간을 보내야 했습니다. 그 기간 동안 '과연 내가 사업을 할 수 있을까? 사업을 폐업해야 하나?' 수없이 고민했습니다. 하지만 사업자등록이라는 이름 하나가 저에게는 단순한 서류 그 이상이었습니다. 그것은 제가 다시 일어설 수 있다는 가능성의 증표였고, 결국 다시 힘을 낼 수 있는 원동력이 되어주었습니다.)

출판사는 면세사업자, 그렇다면 일반과세사업자는 안 되는가?

'면세'라고 해서 모든 세금을 내지 않아도 된다고 생각하면 오해입니다. 여기서 말하는 면세는 '부가가치세'에만 해당됩니다. 부가가치세는 우리가 물건을 살 때 가격에 포함된 세금으로, 책은 이 부가가치세가 면제됩니다. 그래서

서점에서 책을 사도 '세금'이 포함되어 있지 않은 가격입니다.

그렇다면 출판사는 세금계산서를 발행할 수 있을까? 아닙니다. 출판사는 '면세사업자'라서 세금계산서를 발행할 수 없습니다. 대신 '그냥 계산서'를 발행할 수 있습니다. 여기에는 부가가치세 항목이 없습니다. 그러니 당연히 부가가치세 환급도 받을 수 없습니다.예를 들어, 출판사 운영을 위해 컴퓨터를 샀다고 해봅니다. 컴퓨터 가격에는 10%의 부가가치세가 포함되어 있습니다. 만약 일반사업자라면 이 부가가치세를 나중에 돌려받을 수 있지만, 면세사업자는 환급받을 수 없습니다. 그저 포함된 세금까지 모두 비용으로 처리해야 한다.

그렇다면 출판사 외에 디자인 대행 같은 다른 사업도 하고 싶다면 어떻게 해야 할까? 이때는 '일반과세사업자'로 등록하면 됩니다. 출판에 대해서는 면세가 적용되지만, 북컨설팅, 디자인 대행업은 과세가 적용된다. 같은 사업자라도 종목에 따라 면세와 과세가 달라지는 것입니다.

즉, 출판만 한다면 면세사업자로 남는 게 유리할 수 있습니다. 하지만 출판 외에 다른 일을 겸하고 싶다면 일반과세사업자로 등록해야 합니다. 이것은 단순히 세금 문제가 아니라 사업 방향을 결정짓는 문제입니다. 사업자등록증 번호가 달라짐에 따라 기존 면세사업자에서 사용하던 서점 및 기타 거래처에 변경된 사업등록증 번호 바꿨음을 알려야 합니다.

저 역시 2024년 2월 29일. 종목에 북컨설팅을 넣어
사업자등록증 번호를 새로 발급받아 부가가치세를
환급 받았습니다

사 업 자 등 록 증

(일반과세자)

등록번호 : 334-04-████

상　　　　호 : 반달 뜨는 꽃섬			
성　　　　명 : 이은선		생 년 월 일 : 1963 년 10 월 26 일	
개 업 연 월 일 : ████			
사 업 장 소 재 지 : ██████████			

사 업 의 종 류 :　업태 정보통신업　　　　종목 기타 인쇄물 출판업
　　　　　　　　　　도매 및 소매업　　　　　　　서적
　　　　　　　　　　서비스업　　　　　　　　　　북 컨설팅

발 급 사 유 : 과면세 겸업
공 동 사 업 자 :

사업자 단위 과세 적용사업자 여부　:　여( ) 부(∨)
전자세금계산서 전용 전자우편주소　:

2024 년 02 월 29 일

잠 실 세 무 서 장

사업자등록증 번호 변경 안내 공문

제목: 사업자등록증 번호 변경 안내

안녕하세요, 귀사와의 소중한 거래에 감사드립니다.
저희 [회사명]의 사업자등록증 번호가 첨부와 같이 변경되었기에 알려드립니다. 변경된 사업자등록증 번호는 [변경 일자]부터 적용되며, 거래명세서, 세금계산서 및 기타 거래 관련 서류에 새로운 번호를 기재해주시기 바랍니다.

첨부
변경 전: [기존 사업자등록증 번호]
변경 후: [새로운 사업자등록증 번호]

앞으로도 변함없는 성원과 협조 부탁드립니다.

감사합니다.

[회사명]
대표자: [대표자명]
연락처: [연락처]
이메일: [이메일]

※ 임의 양식이므로 참고만 하시면 됩니다

사업자등록증을 받으면 서류상으로는 '출판사 대표'가 됩니다. 이제부터는 공식적으로 자신의 이름을 걸고 출판업을 운영하는 사람이 되는 것 입니다. '대표'라는 직함을 넣은 명함도 당당하게 만들 수 있고 어디서든 자신을 '출판사 대표'로 소개할 수 있습니다. 이는 단순한 명칭이 아니라, 출판을 업(業)으로 삼고 있다는 증거이기도 합니다. 하지만 그 명함 속 두 글자의 무게는 결코 가볍지 않습니다. 단순히 '출판사 대표'라는 타이틀을 가지는 것이 아니라, 실제로 사업자로서 감당해야 할 여러 가지 책임이 따라옵니다.

발행자 번호와 ISBN발급받는 방법

발행자 번호는 출판사의 고유번호를 배정받는 것이고 ISBN은 출판물을 식별할 수 있는 고유 번호입니다. 책을 출판하려면 ISBN이 필수적이며, 이는 유통, 도서관 등록, 판매 등에서 중요한 역할을 합니다. 한국에서 ISBN을 발급받는 방법은 음과 같습니다.

1. 국제표준자료번호는 국제적으로 표준화된 방법에 따라 도서 및 연속간행물에 고유번호를 부여하는 제도로서, 문헌 정보 및 출판유통산업 현대화에 기여하고 있습니다.

ISBN

ISBN 978-89-408-0353-0
ISBN 978-89-408-0353-1(전3권)

—
ISBN(International Standard Book Number; 국제표준도서번호)

ISBN을 총괄적으로 운영하기 위한 국제 ISBN 관리기구(International ISBN Agency)가 1972년 독일 프러시아 문화제도서관(현 베를린주립도서관)에 설치되었으며, 2006년부터 현재까지 영국 런던의 EditEUR에서 ISBN 업무를 담당하고 있습니다.

2. 발행자 번호와 ISBN을 발급받기 위해서는 서지정보유통지원시스템에
접속하시면 됩니다

3. 서저정보유통지원시스템에 접속 후 출판사/기간 명의로(사업자) 계정
신청을 하시면 됩니다

4, 계정이 등록 되었으면 로그인 후 발행자 번호 및 ISBN을 받으시려면 사이버 교육을 받으셔야 합니다, 교육을 받으셨으면 기본적인 준비는 다 하신 거예요. (*출판사신고증 필요)

5. 출간 예정 도서가 있는 경우 ISBN을 신청하시면 됩니다. (종이책. 전자책 별도 신청)

5. 각 빈칸을 잘 채워 주시면 됩니다.

ISBN 신청

ISBN 신청	ISBN 신청 조회/수정

STEP 01 신청서 선택 · STEP 02 신청하기

개별도서(종이책) ISBN 신청

- ISBN 부여 대상 자료가 아니거나 기재사항이 미흡할 경우 한국서지표준센터에서 보완을 요청할 수 있습니다.
- ISBN 부여 후 발행 예정일이 지난 도서는 발행일, 가격사항에 수정이 불가하니 신중하게 신청하여 주시기 바랍니다.

[이전신청종이책서 복사] [엑셀 일괄등록]

● 도서번호 생성

*표시는 필수 항목

ISBN *	979 11 91604 __ [선택] __ * 시작 자릿수로 기재
ISBN 본책조사 *	이전 값 [중복조사] * 미부여 처리방식 중복 확인 후 ISBN을 사용하시기 바랍니다.
부가기호 *	[부가기호 선택]
세트 ISBN	☐ 판매 예정 도서가 세트로 내용을 도서입니다.
연관 ISBN	☐ 출판예정 도서와 동일한 내용의 전자책이 있습니다.

● 출판예정도서 정보

*표시는 필수 항목

책제목 *	
부제목	
번역서의 원제목	
저자역할/저자명 *	저자 ▽ [ ] +
판유형 *	초판 ▽
크기 *	가로 [ ] mm X 세로 [ ] mm **페이지수 *** [ ] p
제본형태 *	구분 1 ⦿ 종이책 ○ 종이책과 다른 매체가 혼합자료
	구분 2 ○ 무선제본 ○ 양장본 ○ 중철제본 ○ 스프링제본 ○ 보드북 ○ 지도 ○ 기타
가격사항 *	⦿ 정가 [ ] 원 ▽ ○ 비매품/무료 ○ 개별가 없음(세트로만 판매)
발행일 *	[ ] 📅
분권언어	한국어 ▽
키워드	
특기사항	

● 추가정보

책소개	
목차	
저자소개	
요약/본문일부	
서평	
표지/표제지	[찾기]
판권지	

5. ISBN은 신청한 날로부터 1주일 이내에 발급을 원칙으로 하고 있으나 보통 다음날 이면 발급됩니다. (예 : 2025년 2월 17일 신청 → 2025년 2월 18일 발급) 이메일이나 핸드폰으로 발급완료 문자가 옵니다. 단, 발급이 안 되었을 경우 사유와 함께 보완요청 문자가 옵니다.

인쇄소 선택하기 : 어디서 어떻게 해야 싸고 잘 찍을까?

책의 품질을 좌우하는 인쇄소 선택은 출판사의 성공에 결정적인 역할을 합니다. 특히 초보 출판사 대표라면, 처음부터 좋은 인쇄소를 찾기가 쉽지 않습니다. 먼저 인쇄소의 과거 작업물과 고객 평가를 꼼꼼히 검토하고, 샘플 인쇄를 통해 실제 인쇄 품질을 확인하세요. 가격, 납기 일정, 후가공 서비스, 반품 및 추가 비용 등 모든 조건을 비교하고, 계약 전 세부 사항을 명확히 하는 것이 중요합니다. 여러 인쇄소와 협상하여 최적의 조건을 확보하는 단계별 접근법은, 출판 품질을 안정적으로 유지하며 성공적인 출간을 이루는 데 큰 도움이 됩니다.

1. 견적 비교와 시제품 요청
여러 업체에 문의하기:

초기에는 인터넷 검색, 업계 네트워크, 신뢰할 수 있는 추천 등을 통해 여러 인쇄소의 목록을 작성하세요. 그 후, 몇 군데 업체에 견적 문의를 진행하며 단순히 가격만 확인하는 것이 아니라, 인쇄, 제본, 코팅, 후가공 옵션 등 제공하는 서비스 범위를 꼼꼼히 비교해야 합니다. 이를 통해 각 인쇄소의 품질, 납기,

제작 사양서	
수신 : OOO인쇄 발신 : OOO출판사	
도서명	OOOOO
판형 / 면수	신국판(152*225) / 224페이지
제작부수	1,000부
제본종류	무선제본
표지	스노우지 250g / 4도컬러 / 단면
내지	미색모조 100g / 흑백
면지	매직컬러 120g / 녹청색 / 앞뒤 1장씩 / 총 2장
코팅 / 후가공	무광코팅 / 에폭시
비고	

※ 임의 양식이므로 참고만 하시기 바랍니다

후 관리 등 모든 요소를 고려하여 최적의 협력 파트너를 선정하면, 비용 효율은 물론 출판물의 완성도와 유통 안정성을 확보하는 데 큰 도움이 됩니다

시제품(샘플) 요청:

견적을 받은 후, 가능하다면 시제품을 요청해 보세요. 시제품이 불가능 하다면 직접 인쇄소를 들려 인쇄 결과물을 직접 확인함으로써 색감, 종이 질감, 인쇄 정밀도, 제본의 완성도 등을 평가할 수 있습니다. 샘플을 통해 자신의 책에 필요한 품질 수준을 판단하는 것이 중요합니다.

2. 업체의 인쇄 경험과 전문성 확인
포트폴리오 및 작업 사례

인쇄소의 전문성과 풍부한 제작 경험은 최종 인쇄물의 품질에 결정적인 영향을 미칩니다. 다양한 종류의 출판물을 제작한 경험이 있는 업체는 각기 다른 요구 사항과 특별한 디자인 요소에 대해 유연하게 대응할 수 있는 역량을 갖추고 있습니다. 이런 업체를 선택하면 색감, 종이 질감, 인쇄 정밀도, 제본의 완성도 등 세부 품질 요소에서도 높은 수준을 기대할 수 있어, 최종 인쇄 결과물의 만족도를 크게 높일 수 있습니다.

전문 인력 및 장비

최신 장비와 전문 인력을 보유한 인쇄소는 품질 관리에 더욱 철저한 관리 체계를 갖추고 있을 가능성이 높습니다. 최신 설비를 활용하면 인쇄의 정확도와 일관성이 향상되며, 숙련된 전문 인력이 참여할 경우 작업 환경과 품질 관리가 보다 체계적으로 이루어집니다. 방문 상담 시, 작업실이나 생산 라인을

직접 둘러보며 설비 상태와 작업 환경을 확인하는 것이 좋습니다. 이를 통해 인쇄소의 실제 역량과 품질 관리 수준을 판단할 수 있으며, 최종 인쇄물의 만족도를 높일 수 있는 중요한 판단 기준이 됩니다.

3. 고객 서비스와 상담 과정

상담의 원활

상담의 원활은 인쇄소 선택 과정에서 매우 중요한 요소입니다. 첫 상담 시 전화, 이메일 또는 직접 방문을 통해 업체의 응대 태도와 상담 내용의 상세함을 꼼꼼히 확인해야 합니다. 질문에 대해 친절하고 전문적인 답변을 제공하며 예상치 못한 문제에 대한 대응 방안을 명확하게 제시하는 업체는 신뢰할 만한 파트너로 판단할 수 있습니다. 이러한 초기 상담 과정을 통해 인쇄소의 고객 서비스 품질과 내부 소통 체계를 평가하면, 향후 협력 과정에서 발생할 수 있는 오해나 문제를 사전에 예방하고, 최종 인쇄물의 품질과 납기 일정에 긍정적인 영향을 미칠 수 있습니다.

커뮤니케이션 능력

인쇄 과정 중에는 수정이나 재확인이 필요하기 때문에 업체와의 원활한 커뮤니케이션 능력은 필수적입니다. 상담 시, 담당자나 대표가 질문에 대해 꼼꼼하게 답변하고 예상치 못한 문제에 대한 구체적인 해결책을 제시하는지를 확인해 보세요. 또한, 대표와의 커뮤니케이션 스타일이 자신과 잘 맞는지 평가하는 것도 중요합니다. 원활한 소통을 통해 문제를 신속히 해결할 수 있는 업체라면, 최종 인쇄물의 품질과 납기 일정에 긍정적인 영향을 줄 수 있으며, 장기적인 협력 관계 구축에도 큰 도움이 될 것입니다..

4. 리뷰와 추천 확인
동종 업계의 추천

동종 업계의 추천은 인쇄소 선택에 있어 매우 중요한 참고 자료가 됩니다. 다른 출판사 대표나 작가, 인쇄 관련 커뮤니티 등에서 실제 사용자의 경험을 바탕으로 작성된 추천이나 후기를 꼼꼼히 확인해 보세요. 이러한 리뷰는 가격, 품질, 서비스, 납기 등 여러 측면에서 인쇄소의 강점과 약점을 구체적으로 알려주므로, 단순한 광고 문구 이상의 신뢰할 수 있는 정보를 제공합니다. 특히 여러 사람의 긍정적 평가가 이어진 업체라면, 안정적인 협업이 가능할 확률이 높아집니다. 반면, 부정적인 후기가 다수 발견된다면 예상치 못한 문제 발생 가능성을 미리 파악하고 다른 업체를 고려하는 것이 좋습니다. 이처럼 동종 업계의 추천과 후기를 종합적으로 분석하면 인쇄소 선정 시 보다 객관적이고 현명한 결정을 내릴 수 있으며, 최종 인쇄물의 품질과 만족도를 크게 높일 수 있습니다..

온라인 리뷰와 평판

온라인 리뷰와 평판은 인쇄소 선택 시 중요한 참고 자료입니다. 인터넷 포럼, 블로그, SNS 등 다양한 채널에서 실제 사용자들이 남긴 리뷰와 평판을 꼼꼼히 확인하세요. 긍정적인 리뷰가 많은 업체는 신뢰도가 높아 가격, 품질, 서비스 측면에서 우수한 성과를 보일 가능성이 큽니다. 반면, 부정적인 피드백이 있다면 그 원인과 구체적인 문제점을 주의 깊게 살펴보아야 합니다. 이를 통해 인쇄소의 강점과 약점을 객관적으로 파악하고 최종 선택에 신중을 기할 수 있으며, 안정적인 협력 관계를 구축하는 데 큰 도움이 될 것입니다.

5. 인쇄소 위치와 작업 환경 고려

지리적 접근성

인쇄소의 위치가 가까운 곳이면 문제가 발생했을 때 직접 방문하여 상담하고 작업 환경을 직접 확인할 수 있어 신속한 문제 해결이 가능합니다. 또한, 가까운 업체를 선택하면 출장 비용과 소요 시간을 절약할 수 있어 운영 효율성이 높아집니다. 따라서, 인쇄소 선정 시 지리적 접근성을 꼼꼼히 고려하는 것이 중요하며 가능하다면 거주지나 사무실과 인접한 업체를 우선적으로 평가해보세요. 직접 현장을 방문하여 설비 상태와 작업 분위기를 확인하는 것은 품질 관리에 큰 도움이 되며, 담당자와의 원활한 커뮤니케이션을 통해 서비스 수준을 미리 파악할 수 있습니다.

작업 환경 및 시설

작업 환경 및 시설을 직접 확인하는 것은 인쇄소 선정에 있어 매우 중요한 요소입니다. 방문하여 실제 작업 공간의 청결도, 장비 상태, 작업 공정의 체계성을 꼼꼼히 점검하면, 업체의 품질 관리 철학과 신뢰도를 파악할 수 있습니다. 깨끗하고 정돈된 작업 환경은 숙련된 인력이 최신 설비를 활용하여 체계적으로 운영되고 있음은 최종 인쇄물의 품질로 직결됩니다. 또한, 작업 현장에서 담당자와 직접 소통함으로써 문제 발생 시 신속하게 대응할 수 있는 업체인지 확인할 수 있습니다. 이러한 현장 방문을 통해 인쇄소의 전반적인 관리 수준을 면밀히 평가하고, 안정적인 파트너십을 구축하는 것이 바람직합니다.

6. 계약 조건 및 사후 서비스 확인

계약서의 명확한 작성:

계약 조건 및 사후 서비스 확인은 인쇄소 선택 과정에서 매우 중요한 단계입니다. 인쇄소와 계약을 체결하기 전, 가격, 납기일, 수정 및 취소 규정 등 모든 조건이 계약서에 명확하게 기재되어 있는지 꼼꼼히 확인해야 합니다. 예상치 못한 추가 비용이나 일정 변경에 대비한 조항이 포함되어 있는지 반드시 점검하고 불명확한 부분이 있다면 사전에 수정 요구를 해야 합니다. 또한, 계약 체결 후에도 문제 발생 시 신속히 대응할 수 있는 사후 지원 체계와 서비스 조건을 명시해 두어, 향후 분쟁이나 예기치 못한 상황에 대비하는 것이 필수적입니다.

사후 지원 및 문제 해결

사후 지원 및 문제 해결은 인쇄 완료 후 발생할 수 있는 인쇄물 불량, 배송 지연 등의 문제에 대해 업체가 어떻게 대응하는지 미리 확인하는 것이 중요합니다. 계약서에 사후 지원 관련 조항이 명확히 기재되어 있는지 그리고 업체가 실제로 문제 발생 시 신속하고 정확하게 대응한 사례가 있는지 살펴보아야 합니다. 고객 리뷰나 동종 업계의 추천 등을 통해 업체의 사후 서비스 수준을 평가하고 예상치 못한 문제 발생 시 추가 비용 부담이나 일정 지연을 최소화할 수 있도록 철저한 점검이 필요합니다.

좋은 인쇄소를 선택하는 과정은 책의 최종 품질을 결정짓는 중요한 단계입니다. 초보 출판사 대표라면 위의 단계들을 차근차근 진행하면서 여러 업체를 비교 분석하는 것이 필요합니다. 견적, 샘플, 상담, 리뷰, 작업 환경, 그리고 계약 조건까지 세심하게 검토한다면, 여러분의 작품을 믿고 맡길 수 있는 인쇄소를 찾을 수 있을 것입니다.

출판물의 인쇄 품질이 독자에게 전달되는 첫인상이 되는 만큼, 충분한 조사와 준비를 통해 최고의 선택을 하시길 바랍니다. 여러분의 책이 독자들에게 큰 감동을 줄 수 있도록, 신뢰할 수 있는 인쇄소와 함께 멋진 작품을 만들어 가시길 기원합니다.

유통의 기본 : 서점 입점, 온라인 판매

책을 완성한 후 가장 중요한 단계 중 하나는 바로 유통입니다. 좋은 책도 독자에게 닿지 않으면 그 가치를 발휘할 수 없으므로, 서점 입점, 온라인 판매 등 다양한 유통 채널을 효과적으로 활용하는 것이 필수적입니다. 통합유통 방식으로는 북센, 한국출판협동조합 등을 통해 유통 과정을 일원화하고 여러 서점에 납품하는 비용 및 운영 효율성을 높일 수 있습니다. 반면, 교보문고, 예스24, 알라딘 등 서점과 개별 계약을 체결하면 각 서점의 독자층에 맞춘 맞춤형 마케팅이 가능해 브랜드 가치를 높이고 판매 촉진에 기여할 수 있습니다. 두 가지 유통 방식의 특징과 장단점을 비교 분석하고 출판사의 상황과 목표에 최적화된 유통 전략 수립에 도움이 되는 정보를 제공하고자 합니다.

계약 및 관리 주체

일원화(통합 유통) : 일원화(통합 유통) 방식에서는 출판사가 통합 유통사 (북센, 한국출판협동조합 등)와 단일 계약을 체결하여, 이 유통사가 전국의 각 서점에 책을 공급하는 구조를 갖춥니다. 출판사 입장에서는 개별 서점과 별도 계약을 맺을 필요 없이 한 곳과의 계약만으로 효율적으로 책을 유통할 수 있어 관리가 간편하고 운영 비용을 절감할 수 있습니다. 이와 같은 방식은 서점과의 복잡한 협상 과정을 최소화하며, 전체 유통 프로세스를 일원화하여 계약 및 관리의 효율성을 극대화하는 장점이 있습니다.

서점 개별 계약 : 서점 개별 계약 방식은 출판사가 각 서점과 직접 계약을 체결하는 방식으로, 서점마다 상이한 조건과 결제 방식 등을 개별적으로 협의해야 합니다. 이 방식은 각 서점의 특성과 독자층에 맞춘 맞춤형 유통 전략을 수립할 수 있는 장점이 있지만 동시에 계약 내용과 조건을 별도로 관리해야 하므로 업무 부담에 부담이 될 수 있습니다. 따라서 체계적인 관리 시스템과 명확한 커뮤니케이션 전략이 필수적입니다.

업무 효율성과 관리

일원화 : 일원화 방식의 경우, 출판사는 단 한 업체와 계약하여 전체 유통 관리를 진행할 수 있으므로 계약 체결, 재고 관리, 정산 등 여러 행정 업무에서 효율성을 크게 높일 수 있습니다. 이를 통해 복잡한 서점 개별 계약 과정에서 발생하는 관리 부담과 시간 소요를 줄일 수 있으며, 일관된 판매 전략과 신속한 문제 해결이 가능해집니다. 다만, 이러한 단순화된 관리 체계는 각 서점의 고유한 특성이나 지역적 차이를 반영한 맞춤형 판매 전략을 구사하기는 다소 어려울 수 있습니다. 결국, 일원화 방식은 업무 효율성을 극대화하는 대신 개별 서점에 최적화된 세밀한 전략 수립에는 한계가 있을 수 있음을 염두에 두어야 합니다.

서점 개별 계약 : 개별 서점과 직접 계약을 진행하면 출판사는 각 서점과

직접 소통하면서 거래 조건을 탄력적으로 조정할 수 있고, 각 서점의 특성이나 독자층에 맞춰 맞춤형 프로모션 및 마케팅 전략을 유연하게 설계할 수 있습니다. 이러한 방식은 서점과의 긴밀한 관계를 구축해, 보다 효과적인 판매 전략을 구사할 수 있는 장점이 있지만 동시에 계약 건수가 많아짐에 따라 관리해야할 업무가 급증하게 됩니다. 이에 따라 계약 조건, 결제 방식, 납기 일정 등을 개별적으로 관리해야 하므로, 추가적인 인력과 시간이 소요될 수 있으며, 체계적인 관리 시스템 도입이 필수적입니다.

수익 및 결제 구조

일원화 : 일원화 방식에서는 일반적으로 도매상이나 총판에 일정 할인율을 적용한 후, 나머지 서점과의 거래 및 결제는 유통사가 직접 처리합니다. 이로 인해 출판사는 개별 서점과의 복잡한 계약이나 결제 관리를 신경 쓸 필요 없이 단일 거래처와의 계약으로 수익과 결제 구조를 단순화할 수 있습니다. 이러한 단순화된 구조는 관리 비용과 시간을 크게 절감하며, 예측 가능한 비용 구조와 안정적인 수익 모델을 구축하는 데 기여합니다. 결과적으로, 효율적인 운영이 가능해져 장기적인 출판 사업의 성장 기반을 마련할 수 있습니다.

서점 개별 계약 : 서점 개별 계약은 출판사가 각 서점과 개별적으로 협의하여 할인율, 정산 방식, 대금 지급 시기 등을 별도로 결정할 수 있어 매우 유연한 운영이 가능합니다. 이를 통해 각 서점의 특성과 판매 전략에 맞춘 맞춤형 계약 조건을 설정할 수 있으므로 보다 바람직한 마케팅 전략을 구사할 수 있습니다. 그러나 그만큼 출판사가 직접 관리해야 할 범위가 넓어져, 계약 체결, 관리, 정산 등 여러 행정 업무에 많은 시간과 노력이 소요됩니다.

마케팅 및 판매 채널 확장

일원화 : 일원화 방식은 통합 유통망을 통해 전체 시장에 빠르게 노출될 수 있도록 도와줍니다. 이를 통해 단일 채널로 효율적인 유통 관리가 가능하지만, 특정 유통사의 제휴 서점에 한정될 위험도 있습니다. 만약 다른 판매 채널로 확장하려면 출판사가 추가로 움직이거나 별도의 경로를 마련해야 할 수도 있습니다. 이런 경우, 추가적인 계약이나 다른 유통 전략을 도입하여 전반적인 시장 접근성을 높이는 노력이 필요합니다.

서점 개별 계약 : 서점 개별 계약 방식은 필요한 대형서점을 제외한 독립서점 마다 출판사가 직접 서점을 발굴하고 계약을 진행함으로써 유통 범위를 확장할 수 있는 전략입니다. 이를 통해 각 서점의 고유한 특색이나 지역별 소비자 특성을 반영한 맞춤형 전략을 세울 수 있어, 보다 정교한 마케팅이 가능합니다. 다만, 출판사가 직접 서점과 협의해야 하므로 계약 체결, 조건 조율, 정산 관리 등에서 시간과 노력 투자가 크게 요구됩니다.

결국 일원화 방식은 통합 유통망을 활용하여 관리 효율성을 극대화하고 단일 계약으로 전국 서점에 빠르게 접근할 수 있는 강점을 지니고 있습니다. 이를 통해 출판사는 복잡한 개별 계약 과정을 줄이고, 일정한 판매 체계를 유지할 수 있으나, 특정 유통사의 제휴 서점에 국한되는 한계가 있을 수 있습니다. 반면, 서점 개별 계약은 각 서점과 직접 교섭함으로써, 서점별 특색이나 지역 특성에 맞춘 맞춤형 판매 전략을 수립할 수 있는 유연성과 직접적인 교섭력을 제공합니다. 그러나 이 방식은 계약 건수와 관리 업무가 증가하여 시간과 인력 투자가 많이 필요합니다. 따라서 출판사는 자신의 규모, 인력, 마케팅 전략, 그리고 서점과의 기존 관계 등 여러 요소를 종합적으로 고려하여, 관리 효율성과 유통망 활용의 장점을 극대화할지, 아니면 맞춤형 판매 전략을 통해 유연한 운영을 추구할지 결정해야 합니다.

저는 통합유통의 일원화보다는 교보문고, 예스24, 알라딘 등 대형서점과 개별 계약을 하고 기타 독립서점의 마케팅을 위하여 북센과 한국출판협동조합과도 계약을 했습니다.

각 서점과 영업을 통해 서점 내 책을 매대에 올려놓는 것과 기타 프로모션이나 마케팅을 좀 더 자유롭기 위함입니다. 각 서점계약은 인터넷으로 가능합니다.

간혹 내성적인 출판인을 보면 전화하기를 겁내시거나 서류를 보내고 잘 보내졌나, 혹시 잘못 보낸 건 아닌가 하는 걱정이 많으신데, 그럴 때는 바로 문의 메일을 보내시거나 전화하시면 됩니다. 담당자가 아주 친절히 알려줍니다. 뇌경색 환자인 저도 합니다. 말을 떠듬떠듬 거리면서

* 광화문 교보문고 x 스타벅스 '내 포근한 반려가족'

* 광화문 교보문고 x 스타벅스 '내 포근한 반려가족'

* 시집 베스트 셀러 _ 지금처럼만

* 2023년 중소출판사 창작지원사업 선정작 _ 비스켓 철학

* 어서와 명상은 처음이지

* 추억, 그 화석이 된 그리움

* 한국IR협의회 _ IR Insight

* 한여름 밤의 달빛수영

4장_ 출판의 꽃, 책 만들기

주제 정하는 법 _ 시장성 vs 하고 싶은 이야기

책을 만들 때 주제를 정하는 과정은 출판의 꽃이라 할 만큼 중요한 단계입니다. 이 과정에서 저자와 출판사는 두 가지 관점을 고려해야 합니다. 하나는 '사장성'으로, 시장의 수요와 트렌드를 분석해 상업적 성공 가능성을 염두에 두는 관점입니다. 다른 하나는 '하고 싶은 이야기'로, 저자의 창작 열정과 개인적 메시지를 담아내고자 하는 순수한 의도를 반영합니다. 때로는 이 두 관점이 충돌하기도 하지만, 궁극적으로 서로 조화를 이루어야만 독자에게 감동을 주고 시장에서 성공할 수 있는 책이 탄생합니다. 출판사는 시장성을 고려하면서도 저자의 독창성을 존중할 수 있도록 충분한 논의와 협업을 통해 최적의 주제를 선정해야 합니다.

1. '사장성'의 관점 : 시장과 경영의 시각
a. 출판 사업의 전략적 접근
목표 독자와 시장 조사

사장성의 관점에서 주제를 선택한다는 것은 단순히 저자 자신의 감성에만 의존하지 않고 시장의 수요와 독자들의 관심사를 체계적으로 분석하는 것을 의미합니다. 특정 주제가 현재 베스트셀러 목록에 오르거나 독자들이 지속적으로 큰 관심을 보이는 분야라면 그 주제는 '사장성'을 갖추었다고 볼 수 있습니다. 이를 통해 출판사는 보다 전략적이고 실질적인 시장 분석을 바탕으로, 독자들의 니즈에 부합하는 주제를 선정하고, 장기적인 브랜드 가치를 높일 수 있는 기획을 진행할 수 있습니다.

사업성과와 경쟁력

출판사의 운영이 단순한 예술 창작을 넘어서 하나의 비즈니스로 자리매김하기 위한 핵심 요소입니다. 따라서 주제를 정할 때는 단순한 창작 의도뿐만 아니라 책의 판매 가능성, 마케팅 전략, 그리고 장기적인 브랜드 가치까지 종합적으로 고려해야 합니다. '사장성'이란, 출판사 대표로서 경영 목표와 시장 경쟁력을 객관적인 데이터를 기반으로 주제를 결정하는 접근 방식을 의미합니다. 이를 통해 출판사는 독자들의 수요와 시장 동향을 정확히 반영하는 동시에, 지속 가능한 수익 모델을 구축하여 브랜드를 강화할 수 있습니다.

b. 실용적이고 전략적인 요소

예상 판매량과 수익 모델

출판 기획 단계에서는 주제에 따른 예상 판매량과 수익 모델을 분석하는 것이 필수적입니다. 독자들이 관심을 가질 만한 주제를 선택하면 자연스럽게 판매량이 증가하여 출판사의 안정적인 수익 창출이 가능해집니다. 이를 위해 시장 조사와 소비자 데이터 분석, 경쟁 도서의 판매 현황 등을 종합하여 구체적인 예상 판매량을 산정해야 합니다. 또한, 인세, 도매 할인율, 스마트스토어 판매 등 다양한 유통 채널을 통한 수익 모델을 마련함으로써 비용 대비 효과를 극대화할 수 있습니다. 이러한 전략적 접근은 마케팅, 재투자 계획 등 후속 사업 운영에도 큰 도움이 되어, 장기적인 브랜드 안정성과 성공적인 출판 사업의 기반을 마련하는 데 기여합니다.

협업과 네트워크

출판사로서 시장에서 경쟁력을 갖추기 위해서는 유명 저자 섭외나 유력 인플루언서와의 협업은 매우 핵심적인 전략 중 하나입니다. 유명 인사의 참여는 독자들에게 강한 신뢰감을 불러일으키며 입소문 효과와 함께 브랜드 파워를 크게 강화시킬 수 있습니다. 또한, 협업을 통해 얻은 네트워킹은 출판사의 마케팅, 유통, 그리고 기획 전반에 긍정적인 영향을 미치며 장기적인 성장 기반을 마련하는 데 도움을 줍니다. 출판사가 시장 트렌드와 독자 요구를 충족하는 주제를 선정할 때, 이런 협업 요소를 적극 반영하면 단순한 콘텐츠 제작을 넘어, 독창적이고 경쟁력 있는 브랜드로 자리매김할 수 있습니다.

2. '하고 싶은 이야기'의 관점 : 창작자의 열정과 개인적 표현

a. 순수한 창작의 동기

내면의 진솔한 이야기

'하고 싶은 이야기'의 관점에서 주제를 선택한다는 것은, 단순한 시장 분석을 넘어서 작가 본인의 내면을 들여다보고 그 속에 숨겨진 진솔한 이야기를 세상에 전하고자 하는 열망에서 비롯됩니다. 작가는 자신의 감정, 경험, 철학 등을 솔직하게 표현함으로써 독자 분들께 진정성 있는 메시지를 전달할 수 있습니다. 예를 들어, 오랜 시간 동안 겪어온 개인적인 시련이나 사랑, 상실의 경험을 바탕으로 한 이야기는 독자 분들께 깊은 공감과 위로를 선사하게 됩니다. 이처럼 내면의 이야기를 담은 작품은 단순한 정보 전달을 넘어, 작가와 독자 분들 간의 정서적 연결고리를 형성하여 감동을 주는 중요한 요소가 됩니다

개인적 성장과 치유

때로는 작가가 자신의 상처를 치유하거나 내면의 성장을 도모하기 위해 이야기를 풀어내기도 합니다. 이러한 개인적 열정이 담긴 주제는, 출판 과정을 통해 스스로를 치유하는 과정이 될 뿐만 아니라, 독자 분들께도 큰 위로와 용기를 전달할 수 있습니다. 작가가 자신이 겪은 고난과 역경을 극복하며 배운 교훈과 성장 스토리를 공유한다면, 독자 분들께서도 비슷한 상황에서 희망과 용기를 얻으실 수 있습니다. 이러한 작품은 예술적 가치를 지니며, 단순한 이야기 전달을 넘어 독자 분들의 삶에 긍정적인 영향을 미치는 역할을 하게 됩니다.

b. 창의성과 독창성 강조
차별화된 시각

작가가 기존의 틀에 얽매이지 않고 자신만의 독특한 관점과 해석을 담아내실 수 있는 기회를 제공합니다. 흔히 비슷한 주제들이 많아 보일지라도 작가 분께서 제시하는 차별화된 시각은 독자 분들께 새로운 인사이트와 감동을 선사할 수 있음을 보여드립니다. 평범한 주제를 전혀 다른 관점에서 재해석하거나, 예상치 못한 연결고리를 통해 이야기를 풀어내면, 독자 분들께서는 그 독창성에 깊은 인상을 받으실 것입니다.

자유로운 표현의 가치

작가가 단순한 상업적 목적을 넘어, 작가 본인의 정체성과 철학을 드러내는 중요한 수단이 됩니다. 작가께서 가장 하고 싶으신 이야기를 솔직하게 표현함으로써, 독자 분들과의 깊은 정서적 소통이 이루어질 수 있으며, 그 결과 작품은 단순한 판매 수단을 넘어 작가의 삶과 가치관이 녹아 있는 예술 작품으로 승화됩니다. 이러한 자유로운 창작 활동은 독자 분들께 진정성 있는 메시지와 함께 큰 감동을 전달할 수 있음을 분명히 보여드립니다.

3. 두 관점의 조화 : 균형 잡힌 주제 선정

출판의 성공을 위해서는 '사장성'과 '하고 싶은 이야기' 두 관점을 모두 고려해야 합니다. 시장의 데이터와 독자 요구를 반영한 '사장성'은 판매 가능성을 높이는 데 필수적입니다. 한편, 창작자의 진솔한 열정과 감성을 담은 '하고 싶은 이야기'는 독자와의 깊은 소통을 이끌어내어 예술적 가치를 더합니다. 두 관점을 균형 있게 조율하면, 시장성과 감동을 동시에 실현하는 주제가 완성되어 성공적인 출판으로 이어질 것입니다.

시장성과 열정의 결합

출판의 성공을 위해서는 작가가 진솔하게 전달하고자 하는 열정적인 이야기와 동시에 시장에서 경쟁력을 확보할 수 있는 주제를 결합하는 것이 필수적입니다. 독자 분들께 감동을 주는 개인적 이야기를 바탕으로, 현재 시장의 트렌드와 독자 분들의 요구를 면밀히 분석하면 자연스럽게 판매 가능성과 브랜드 가치를 높일 수 있습니다. 이와 같이 감성과 데이터를 동시에 반영하는 전략은 작가 분께서 내면의 진솔한 메시지를 전달하는 동시에 사업적 성공을 도모할 수 있도록 도와드릴 것입니다.

타협과 조율

때로는 순수한 창작 열정만으로는 시장의 다양한 요구를 모두 충족시키기 어려울 수 있습니다. 반대로 지나치게 시장성에 집중하면 본연의 창작 의도가 희생될 위험도 있습니다. 이럴 때는 두 관점을 적절히 타협하고 조율하여 주제를 선정하는 것이 핵심입니다. 작가 분께서 내면의 열정을 유지하면서도 독자 분들의 관심사와 시장 데이터를 고려하는 균형 잡힌 접근법은 단순한 아이디어를 넘어 실제 판매와 소통으로 이어지는 중요한 요소로 작용할 것입니다.

실행 가능한 기획서 작성

균형 잡힌 주제 선정은 출판 기획서 작성에도 큰 영향을 미칩니다. 기획서에는 철저한 시장 조사와 수익 모델(즉, '사장성')은 물론, 작가 본인의 진솔한 창작 열정('하고 싶은 이야기')을 동시에 담아내는 것이 중요합니다. 투자자, 협력 업체, 그리고 독자 분들께 명확하고 강렬한 메시지를 전달할 수 있는 기획서는, 출판 사업의 성공 가능성을 극대화할 뿐만 아니라, 장기적으로 브랜드 가치를 높이는 데 큰 역할을 할 것입니다. 이와 같이 두 관점을 조화시킨 실행 가능한 기획서를 마련하면, 출판 사업의 성공적인 진행과 독자 분들과의 깊은 소통을 이루실 수 있을 것입니다.

책 만들기의 과정은 언제나 도전적입니다. 그러나 주제 선정 단계에서 "내가 사장이다, 내가 저자다" 라는 자부심을 갖고 임한다면, 그 과정은 단순한 작업을 넘어 자신만의 철학과 비전을 담아내는 창조적 여정이 됩니다. 이때, 사장성의 냉철한 분석과 시장 데이터를 바탕으로 한 전략적 접근법과, 하고 싶은 이야기의 진솔한 감성과 열정을 동시에 반영해야 합니다. 시장의 요구와 독자들의 관심사를 꼼꼼히 파악하여, 현실적인 판매 가능성을 고려하는 동시에 내면의 깊은 이야기를 담아내면, 그 결과물은 단순한 책이 아니라 독자들에게 감동과 공감을 불러일으키는 작품으로 빛을 발하게 됩니다.

여러분께서도 두 관점을 잘 조화시켜, 독자들에게 진정한 울림을 전달할 수 있는 주제를 선정하시길 바랍니다. 그 과정에서 여러분의 열정과 창의성은 분명 독자들의 마음에 깊은 인상을 남기며, 출판의 길에서 큰 성공으로 이어질 날이 반드시 올 것임을 믿어 의심치 않습니다.

초보 출판사 대표가 작가를 찾는 방법 _현실적인 전략 가이드

출판사를 차렸다! 그런데 책을 쓰는 작가가 없다? 초보 출판사가 가장 먼저 부딪히는 현실적인 문제. "작가는 어디서 찾아야 할까?" "유명 작가가 아니어도 괜찮을까?" "초보 출판사가 제안하면 작가가 받아줄까?" 결론부터 말하자면, 초보 출판사라도 작가를 충분히 찾을 수 있다. 하지만 유명 작가에게만 집착하면 어렵다. "숨은 신인 작가"를 찾아내는 게 핵심이다. 그렇다면, 초보 출판사도 따라 할 수 있는 현실적인 작가 찾는 방법은 뭐가 있을까?

1. 작가를 찾기 전에 먼저 해야 할 것 - 기획부터 하라!
1) 어떤 책을 만들고 싶은지 기획부터 하자!

작가를 무작정 찾기 전에, 먼저 어떤 주제로 어떤 책을 만들고 싶은지 명확히 정하는 것이 가장 중요합니다. 기획 단계에서 주제와 책의 방향성이 분명하지 않으면 작가 분들께 설득력 있는 제안을 하기 어렵고 결과적으로 기대에 부응하는 작품을 완성하기도 힘들게 됩니다.

명확한 기획은 출판 프로젝트의 핵심 뼈대를 이루며 이를 바탕으로 작가와의 협업 시 상호 이해와 소통이 원활하게 이루어집니다. 구체적인 기획안은 책의 목표와 독자층, 그리고 시장에서의 경쟁력을 명확히 제시해, 협업할 작가분들께 신뢰와 동기를 부여하는 역할도 합니다. 따라서, 철저한 사전 기획을 통해 '내가 만들고자 하는 책'의 핵심 아이디어와 컨셉을 명확히 하고 이를 바탕으로 작가를 섭외하는 것이 성공적인 출판 프로젝트의 출발점임을 꼭 기억하시기 바랍니다

예시 - 출판 기획서 작성하기
• 주제 : 1인 출판사 창업, 자기계발, 감성 에세이, MZ세대 트렌드
• 목표 독자 : 20~30대 직장인, 1인 창업자, 글쓰기를 좋아하는 사람
• 형식 : 에세이, 실용서, 자기계발서, 감성 글 모음집
• 톤 & 스타일: 공감형 에세이, 현실적인 실용서, MZ세대 감성 말투
⇒ 명확한 주제와 독자층이 정해져야 작가에게 설득력 있게 제안할 수 있습니다!

2) 내가 원하는 작가의 스타일 정하기
• 경험이 많은 전문 작가 vs 신선한 시각을 가진 신인 작가
• 진지한 논조 vs 감성적인 에세이
• 디지털 마케팅에 강한 작가 vs 글 자체에 집중하는 작가

예시 - 원하는 작가 스타일
• 1인 출판사 창업 가이드북 → 경험이 있는 실용서 작가 or 관련 분야 전문가
• 자기계발서 → 현실적이고 동기부여를 줄 수 있는 전문가 or 코치

• MZ세대 감성 에세이 → SNS에서 인기가 많은 인플루언서 or 감성 글을 잘 쓰는 작가

⇒ 내가 원하는 작가 스타일을 정해야, 정확한 타겟팅이 가능합니다!

2. 현실적인 작가 찾는 방법 – 어디서 어떻게 찾아야 할까?

1) SNS에서 인기 있는 글 쓰는 사람 찾기

SNS는 오늘날 '숨은 신인 작가'를 발굴하는 데 가장 효과적인 플랫폼입니다. 특히 MZ세대가 선호하는 감성적이고 공감할 만한 글들은 SNS 상에서 자연스럽게 공유되고, 빠르게 확산되는 경향이 있습니다. 다양한 소셜 미디어 채널에서는 신인 작가들이 자신만의 독특한 목소리와 스타일을 자유롭게 표현할 수 있는 공간을 제공하고 있으며, 이러한 콘텐츠는 젊은 독자층에게 큰 호응을 얻고 있습니다.

작가의 진솔한 경험과 감성을 담은 포스팅이나 짧은 에세이, 그리고 감동적인 스토리들이 SNS를 통해 빠르게 전파되면서, 그들의 작품은 숨은 보석처럼 발견되고 있습니다. 이처럼 SNS는 신인 작가들의 재능을 발굴하고, MZ세대 독자들과의 교감을 이루는 데 있어 가장 강력한 도구임을 다시 한번 확인할 수 있습니다.

• 인스타그램

#에세이 #감성글 #일상글 #작가일기 #글스타그램 태그 검색

팔로워 수가 많거나 좋아요 수가 많은 계정을 찾아봅니다.

감성 글이나 짧은 에세이를 자주 올리는 계정을 발견하면 DM(다이렉트 메시지) 를 보내 출판 제안을 합니다.

예시 – 제안 메시지 예시

안녕하세요! 저는 OO 출판사의 OOO입니다.
선생님의 글을 보고 감동받아 출판 제안을 드리고 싶습니다.
MZ세대에게 공감과 위로를 줄 수 있는 감성 에세이를 기획 중인데,
선생님의 글이 너무 잘 맞을 것 같아서 연락드렸습니다.
출판에 관심 있으시면 이야기 나누고 싶습니다.
편하게 답장 주시면 감사하겠습니다!

⇒ SNS에서는 부담 없이 접근할 수 있고, 감성 글 작가를 찾기 좋습니다.

2) 브런치 작가 발굴 – 감성 글 & 에세이 작가 찾기

브런치는 감성 글과 에세이를 중심으로 활동하는 창작자들이 많이 모이는 플랫폼입니다. 특히 문학적 감성과 독특한 스타일의 짧은 에세이를 쓰는 작가들이 활발하게 활동하고 있어, 그들의 작품이 독자들에게 깊은 공감과 감동을 선사하고 있습니다. 이처럼 브런치는 창작자들이 자신만의 목소리를 자유롭게 펼치며, 다양한 감성과 생각을 공유할 수 있는 소중한 공간임이 분명합니다

브런치에서 작가 찾는 방법
- 브런치 홈페이지(brunch.co.kr) 에서 주제별 검색

- "에세이", "일상", "감성", "자기계발" 등의 키워드로 검색
- 조회수와 좋아요 수가 높은 작가를 중심으로 찾아봅니다.
- 브런치 작가에게 제안 메시지 보내기
- 브런치 작가 프로필에 연락처 or SNS 정보가 있는 경우가 많습니다.
- 댓글 or SNS DM 을 통해 출판 제안

예시 - 제안 메시지 예시

안녕하세요, OO 출판사의 OOO입니다.
선생님의 브런치 글을 인상 깊게 읽고 연락드렸습니다.
감성적이고 공감 가는 글이 MZ세대 독자에게 큰 감동을 줄 수 있을 것
같아 출판 제안을 드리고 싶습니다.
혹시 책 출판에 관심 있으시면
편하게 연락 주시면 감사하겠습니다!

  ⇒ 브런치는 SNS보다 문학성이 높은 글을 찾기에 유리합니다.

3) 독립출판 작가 찾기 - 책을 이미 낸 경험이 있는 작가

독립출판 작가들은 기성 출판사와 계약하지 않고 자기만의 방식으로 책을
내는 이들입니다. 이미 한두 권의 출간 경험을 통해 출판 과정에 익숙해져 있
습니다, 협업에서도 유연함과 전문성을 발휘하기 쉽습니다. 이러한 작가들은
창의적 자유를 바탕으로 자신만의 독특한 목소리를 내며, 독자와의 깊은 소통
을 이어나가고 있습니다.

독립출판 작가 찾는 방법

- 독립서점 탐방 → 고요서사, 땡스북스, 더북소사이어티, 소요서가 등
- 독립출판 플랫폼 이용 → 부크크(Bookk), 바로출판 등
- 독립출판 페어 참가 → 언리미티드에디션), 서울아트북페어 등

독립출판 작가에게 제안하기

독립서점이나 독립출판 페어에서 책을 구매 후, SNS DM 으로 출판 제안
책에 기재된 이메일 을 통해 공식적으로 제안하기

- 초보 출판사는 유명 작가보다는 "숨은 신인 작가"를 발굴하는 게
  성공 확률이 높습니다.
- 자신만의 스토리와 개성을 가진 작가를 찾아내는 것이 포인트 입니다
- 이제 초보 출판사도 자신만의 작가를 찾아 책을 만들어 봅니다.

⇒ 독립출판 작가는 이미 책을 내본 경험이 있어 출판 계약이 수월합니다!

4) 온라인 커뮤니티 & 글쓰기 모임 활용

- 글을 쓰는 사람들은 커뮤니티에 모여 있습니다.
- 특히 글쓰기 모임이나 출판 관련 카페에서 신인 작가를 발굴할 수 있습니다.

추천 커뮤니티 & 모임

- 네이버 카페 → 출판의 모든 것, 책쓰는 사람들

- 클럽하우스 → 책쓰는 방
- 온라인 글쓰기 플랫폼 → 스토리룸, 리디스토리

⇒ 온라인 커뮤니티는 신인 작가나 예비 작가를 발굴하기에 좋습니다!

5) 결론: 초보 출판사가 작가 찾는 법 정리

초보 출판사로서 우수한 작가를 발굴하는 일은 새로운 도전이자 기회입니다. 변화하는 미디어 환경과 디지털 플랫폼의 확산으로, 전통적인 방식 외에도 다양한 경로를 통해 작가와 소통할 수 있게 되었습니다.

- SNS (인스타그램, 트위터) → 감성 에세이, MZ세대 트렌드 작가 찾기
- 브런치 (Brunch) → 감성 글, 짧은 에세이 작가 발굴
- 독립출판 (독립서점 & 페어) → 이미 책을 낸 경험이 있는 작가
- 온라인 커뮤니티 → 신인 작가 & 글쓰기 모임 활용

편집 디자인 꿀팁 _ 표지, 레이아웃, 폰트까지

출판의 완성도를 결정짓는 요소 중 하나가 바로 편집 디자인입니다. 독자의 시선을 사로잡고, 책의 내용과 분위기를 효과적으로 전달하기 위해서는 표지, 내지 레이아웃, 폰트 선택이 매우 중요합니다. 초보 출판사 대표나 작가라면, 아래와 같은 방법과 채널을 활용해 전문적인 편집 디자인 꿀팁을 구성할 수 있습니다. (편집 디자인을 이야기 하자면 인디자인을 이야기 해야 하지만, 지금 여기서는 간략하게 기본원칙만 이야기 하겠습니다. 여유가 된다면 "인디자인 단행본 만들기"를 통해 말씀 드리도록 하겠습니다.)

1. 표지 디자인

a. 기본 원칙

독창성과 일관성은 표지 디자인의 핵심 원칙입니다. 표지는 책의 내용을 한눈에 파악할 수 있도록 고유한 이야기와 감성을 시각적으로 표현하는 데 중점을 두어야 합니다. 독창적인 디자인은 독자 분들께 책만의 특별한 매력을 전달하며 동시에 책의 주제와 자연스럽게 어울려야 합니다. 또한, 전체 디자 톤, 색상, 폰트, 레이아웃 등 모든 요소가 일관성을 유지할 때, 책의 메시지와 브랜드 아이덴티티가 명확하게 전달되어 독자들에게 강한 인상을 남길 수 있습니다.

심플함 : 심플함은 표지 디자인에서 매우 중요한 요소입니다. 복잡한 디자인보다 깔끔하고 직관적인 디자인은 독자들의 시선을 빠르게 사로잡아 핵심 메시지와 이미지를 효과적으로 전달할 수 있습니다. 지나치게 많은 요소를 담으면 오히려 시각적인 혼란을 초래하여 독자에게 부정적인 인상을 줄 수 있으므로 불필요한 장식을 배제하고 단순하면서도 명확한 구성으로 디자인하는 것이 바람직합니다. 이러한 심플함은 책의 주제와 브랜드 아이덴티티를 더욱 돋보이게 하여, 독자들에게 일관된 메시지와 전문성을 전달하는 데 큰 역할을 합니다.

시각적 임팩트 : 시각적 임팩트는 표지 디자인에서 핵심적인 요소입니다. 강렬한 색감, 눈에 띄는 타이포그래피, 그리고 매력적인 이미지 구성은 독자 분들의 시선을 즉각적으로 사로잡아 첫 인상에서 강한 감동을 주는 데 필수적입니다. 이러한 시각적 요소들이 잘 결합될수록, 독자 분들께서 책을 접했을 때 긍정적인 반응을 보일 가능성이 높아지며, 자연스럽게 책의 인지도와 브랜드 가치가 상승하게 됩니다. 결과적으로, 시각적 임팩트가 강한 디자인은 마케팅 효과와 판매 성과에 직결되며, 출판물의 전반적인 성공에 큰 영향을 미칩니다.

b. 알아볼 수 있는 곳

디자인 플랫폼은 출판물의 표지 디자인에 큰 영감을 주는 중요한 도구입니다. 예를 들어, 미리캔버스, Canva, Freepik 등과 같은 디자인 공유 플랫폼에서는 수많은 디자이너들이 제작한 다양한 포트폴리오를 한눈에 살펴볼 수 있어, 최신 트렌드와 창의적인 아이디어를 손쉽게 접할 수 있습니다. 이러한 플랫폼들은 각종 템플릿과 디자인 요소를 제공하여, 예산이나 시간에 제약이 있는 상황에서도 비교적 간단하게 독창적이고 세련된 디자인을 완성할 수 있도록 도와줍니다. 또한, 사용자가 직접 다양한 스타일과 레이아웃을 실험해 볼 수 있는 환경을 제공함으로써 책 표지에 담고자 하는 메시지와 감성을 효과적으로 표현할 수 있습니다. 결과적으로, 디자인 플랫폼을 적극 활용하면 창작 과정의 효율성이 높아지고, 최종 결과물의 완성도가 크게 향상될 수 있습니다.

전문 디자인 업체 : 더 전문적이고 맞춤화된 디자인을 원하신다면 전문 디자인 업체 또는 크몽, 숨고, 재능넷과 같은 프리랜서 플랫폼을 활용하여 견적을 받아보실 수 있습니다. 이들 플랫폼에서는 각 분야의 전문 디자이너들과 직접 협업하여, 여러분의 요구와 책의 주제에 최적화된 맞춤 디자인을 제작할 수 있습니다. 다양한 업체와 프리랜서들의 포트폴리오와 후기를 비교 분석한 후, 예산과 스타일에 맞는 디자이너를 선정하면, 보다 완성도 높은 결과물을 얻으실 수 있을 것입니다.

2. 내지 레이아웃
a. 기본 원칙
가독성 : 가독성은 내지 레이아웃에서 가장 기본적이면서도 중요한 요소입니다. 독자 분들이 부담 없이 내용을 읽을 수 있도록 충분한 여백과 적절한 문단 구분을 통해 깔끔한 레이아웃을 구성해야 합니다. 글자 크기와 줄 간격, 그리고 여백의 조화가 잘 이루어지면, 전체적인 가독성이 향상되어 독자의 집중력이 높아지고, 책의 내용을 보다 쉽게 이해할 수 있습니다. 특히, 중요한 문단

이나 강조하고 싶은 내용은 적절한 공백과 분리 효과를 주어 눈의 피로를 줄이고 내용의 흐름을 자연스럽게 이끌어야 합니다. 또한, 다양한 서체와 스타일을 사용할 때에도 일관성을 유지하여 독자가 혼란을 겪지 않도록 하는 것이 중요합니다. 이를 위해 미리 설계된 템플릿이나 스타일 가이드를 활용하면, 전체적인 편집 품질을 높이고 전문적인 내지 디자인을 완성할 수 있습니다.

통일성 : 책 전체의 내지 디자인에서 매우 중요한 역할을 합니다. 책의 각 페이지, 각 장, 심지어 헤더와 푸터에 이르기까지 모든 요소가 일관된 스타일을 유지해야 독자 분들께 전문적이고 신뢰감 있는 이미지를 전달할 수 있습니다. 글씨체, 문단 스타일, 색상, 여백, 헤더와 푸터의 레이아웃 등이 모두 조화를 이루어야 하며, 이를 통해 독자 분들이 책을 읽는 동안 불필요한 혼란이나 시각적 불일치 없이 내용을 순조롭게 따라갈 수 있습니다. 일관된 디자인은 책의 전체적인 완성도를 높이고, 출판물의 품질과 브랜드 아이덴티티를 강화하는 데 큰 기여를 합니다. 디자인 요소들의 통일성을 유지하기 위해 스타일 가이드나 템플릿을 활용하는 것도 효과적인 방법이며, 이러한 체계적인 접근은 독자 분들이 책에 집중할 수 있도록 돕고, 전반적인 인상과 신뢰도를 한층 높여줍니다.

구조적 디자인: 책의 전체적인 흐름과 독자의 이해도를 좌우하는 중요한 요소입니다. 목차, 챕터 제목, 본문, 이미지 삽입 등 각 구성 요소의 배치를 미리 세심하게 설계해 두면, 책의 내용이 자연스럽게 이어지며 일관된 스토리텔링이 가능해집니다. 체계적인 구조 설계를 통해 독자 분들이 책을 읽는 동안 복잡한 내용을 쉽게 파악할 수 있고 원하는 정보를 신속하게 찾을 수 있도록 도와줍니다. 또한, 목차나 챕터 제목이 명확하게 구분되어 있으면, 독자들이 전체 내용을 한눈에 이해하고, 중요한 부분에 집중할 수 있게 됩니다. 이러한

구성 요소들의 조화는 단순히 시각적인 아름다움뿐만 아니라, 정보 전달의 효율성을 극대화하는 데 결정적인 역할을 합니다. 결과적으로, 체계적으로 설계된 구조적 디자인은 출판물의 전문성과 완성도를 높이며, 독자들에게 깊은 인상을 남기는 핵심 요소로 작용합니다.

b. 알아볼 수 있는 곳

전문 편집 소프트웨어 : Adobe InDesign과 같은 고급 프로그램은 다양한 템플릿과 자동화 기능을 제공하여, 전문적인 디자인 가이드라인에 맞추어 작업을 효율적으로 진행할 수 있게 도와줍니다. 이를 통해 편집자는 복잡한 페이지 구성과 세부 레이아웃을 손쉽게 조정하며, 출판물 전반에 걸쳐 통일된 스타일을 구현할 수 있습니다. 또한, 핀터레스트와 같은 비주얼 큐레이션 플랫폼에서는 최신 내지 디자인 트렌드와 다양한 사례들을 참고할 수 있어, 창의적인 아이디어와 디자인 영감을 얻는 데 큰 도움이 됩니다. 이러한 도구와 자료들을 적극 활용하면, 내지의 전문성과 완성도를 높여 출판물의 전체적인 품질을 극대화할 수 있습니다.

출판 관련 커뮤니티 : '꿈꾸는 책공장', '인디자인 카페', '퍼블리랜서'와 같은 온라인 카페나 포럼에서는 출판 전반에 걸친 최신 트렌드, 편집 노하우, 디자인 팁, 유통 전략 등 실제 업무에 적용 가능한 생생한 정보를 얻을 수 있습니다. 이러한 커뮤니티는 동종 업계 전문가들이 모여 경험을 나누며 상호 협력할 수 있는 네트워크를 형성하는 데 큰 역할을 하며 신생 출판사나 독립 출판사 대표들이 실질적인 문제 해결 방안을 찾는 데도 많은 도움을 줍니다. 또한, 회원들 간의 활발한 소통과 피드백을 통해 업계 내 최신 이슈와 혁신적인 아이디어를 공유할 수 있어, 지속적인 자기계발과 사업 성장에 필수적인 자료와 인사이트를 제공받을 수 있습니다.

3. 폰트 선택

a. 기본 원칙

가독성 : 가독성은 폰트 선택에서 가장 기본적이면서도 중요한 원칙입니다. 독자 분들이 오랜 시간 책을 읽더라도 눈의 피로를 최소화할 수 있도록 깔끔하고 읽기 쉬운 서체를 선택하는 것이 필수적입니다. 적절한 글자 크기와 줄 간격, 충분한 여백을 확보하면 텍스트가 너무 빽빽해 보이지 않아 독서 환경이 한층 개선됩니다. 이런 요소들은 독자들이 책의 내용을 편안하게 받아들일 수 있도록 도와주며, 읽기 경험의 질을 높이는 데 결정적인 역할을 합니다. 또한, 가독성이 우수한 서체를 사용하면 내용의 전달력이 강화되어, 독자들이 중요한 정보에 쉽게 집중할 수 있습니다. 적절한 폰트 선택은 출판물의 전문성을 높이고, 독자와의 소통에 긍정적인 영향을 미치는 중요한 디자인 요소입니다.

분위기와 조화 : 폰트 선택에 있어 매우 중요한 요소입니다. 책의 주제와 전반적인 분위기에 부합하는 서체를 사용하면 내용 전달에 큰 영향을 미치며 독자에게 깊은 인상을 남길 수 있습니다. 고전적이고 우아한 느낌을 전달하고자 할 때는 전통적인 명조체를 활용하여 고급스러운 분위기를 연출할 수 있으며 독자들은 자연스럽게 그 책의 깊이와 역사를 느낄 수 있습니다. 반면, 현대적이며 깔끔한 느낌을 원한다면 프리덴다드와 같은 산세리프체를 선택하여 세련되고 깔끔한 이미지를 부각시키는 것이 좋습니다. 이처럼 폰트 선택은 단순히 텍스트의 가독성을 넘어서, 책의 정체성과 감성을 형성하는 핵심 요소로 작용합니다. 적절한 폰트를 통해 책의 전체적인 디자인과 메시지가 일관되게 전달되면, 독자 분들께서는 그 책이 전달하고자 하는 주제와 감정을 더욱 효과적

으로 이해하고 공감할 수 있습니다

일관성 : 책의 전반적인 디자인 품질을 결정짓는 핵심 요소입니다. 제목, 소제목, 본문, 캡션 등 모든 구역에 대해 동일한 서체 스타일, 크기, 색상, 행간격 등을 미리 설정하여 통일감 있게 사용하는 것이 중요합니다. 이렇게 일관된 폰트 사용은 독자들이 책의 구조를 한눈에 파악할 수 있도록 도와주며, 불필요한 혼란을 줄여줍니다. 또한, 통일된 디자인은 책의 전문성과 신뢰도를 높여 전체적인 완성도를 향상시키는 데 결정적인 역할을 합니다.

눈누 (noonnu.cc) → 국내 무료 폰트 모음
네이버 한글 서체 (hangeul.naver.com) → 한글 전용 무료 폰트
어도비 폰트 (Adobe Fonts) → 상업적 이용 가능 등

b. 알아볼 수 있는 곳

폰트 라이브러리: 공유마당, Adobe Fonts 등과 같은 폰트 라이브러리에서는 무료로 다양한 폰트를 다운로드할 수 있습니다. 이들 플랫폼은 사용자들이 쉽게 접근할 수 있도록 체계적으로 분류된 수많은 서체를 제공하며, 프로젝트 성격에 맞는 폰트를 선택할 수 있는 폭넓은 옵션을 제공합니다. 예산에 구애받지 않고 다양한 스타일의 폰트를 활용해 창의적인 디자인을 구현하는 데 큰 도움이 됩니다..

전문 서체 구입 사이트: 산돌, 윤디자인 등 국내 서체 회사의 웹사이트에서는 보다 전문적인 서체를 구매할 수 있습니다. 이러한 사이트들은 각 폰트의 특징과 사용 예제를 상세히 제공하여 디자인의 목적에 맞는 최적의 서체를 선

택할 수 있도록 돕습니다. 유료 서체는 고유한 디자인과 품질 보증이 되어 있어, 브랜드 아이덴티티를 강화하거나, 출판물의 전문성을 높이는 데 효과적입니다.

디자인 블로그 및 리뷰: 다양한 디자이너들이 추천하는 베스트 폰트 목록이나 실제 출판물에 적용된 사례를 소개하는 디자인 블로그 및 리뷰 자료는 폰트 선택에 큰 도움을 줍니다. 이들 자료를 통해 각 서체의 장단점, 적용 사례, 그리고 최신 트렌드에 대한 정보를 얻을 수 있으며, 이를 바탕으로 프로젝트에 가장 적합한 폰트를 선택할 수 있습니다. 실무 경험을 공유하는 전문가들의 의견은 폰트 선택의 방향성을 잡는 데 있어 유용한 참고 자료로 작용합니다.

4. 편집 디자인 꿀팁 구성 팁
a. 전문가와의 협업
프리랜서 디자이너 및 편집자 : 출판 디자인 분야에서 전문성을 높이기 위해서는 프리랜서 디자이너 및 편집자와의 협업이 매우 중요합니다. 크몽, 숨고, 재능넷 등 다양한 프리랜서 플랫폼에서 프로젝트에 적합한 디자이너와 편집자를 찾아 견적을 받고 협의할 수 있습니다. 이들은 각자의 전문 분야에서 풍부한 경험과 창의적인 아이디어를 제공해 주어, 기획 의도에 부합하는 고품질의 결과물을 만들어낼 수 있습니다.

또한, 출판 관련 워크숍이나 세미나, 또는 전문 커뮤니티에 참여하여 업계의 경험 많은 전문가들을 직접 만나 인맥을 구축하는 것도 큰 도움이 됩니다. 이러한 협업 네트워크는 장기적으로 다양한 프로젝트에 걸쳐 상호 협력할 수 있는 기반을 마련해 주며, 어려운 상황이나 새로운 시도에 있어서도 실질적인 지원을 받을 수 있도록 도와줍니다.

b. 스스로 학습하기

온라인 강좌 : 편집 디자인의 기본 원칙과 최신 트렌드를 스스로 학습하는 데 있어 매우 중요한 전략입니다. 온라인 강좌나 유튜브, 전문 블로그 등 다양한 온라인 자원을 적극 활용하면 디자인, 편집, 타이포그래피와 같은 기초 지식을 꾸준히 습득할 수 있습니다. 이러한 학습 과정은 단순히 이론을 익히는 것에 그치지 않고 자신의 감각과 기술을 체계적으로 향상시키는 데 큰 도움이 됩니다

더불어, 온라인 강좌를 통해 배운 내용을 바탕으로 직접 템플릿을 제작해 보거나 소규모 디자인 프로젝트에 도전해 보는 것이 좋습니다. 실전 경험을 쌓으면서 자신만의 스타일을 발전시키고, 문제 해결 능력을 키울 수 있기 때문입니다. 또한, 최신 디자인 트렌드와 사례를 지속적으로 업데이트하는 전문 블로그나 포럼에서 활발히 정보를 교류하면, 업계의 변화를 빠르게 파악하고 자신의 작업에 반영할 수 있습니다.

이러한 지속적인 자기계발은 출판물의 품질과 완성도를 높이는 데 결정적인 역할을 하며, 독자들에게 차별화된 시각적 경험을 제공할 수 있게 해줍니다. 결국, 온라인 강좌와 같은 학습 도구를 활용하여 전문 지식을 쌓고 이를 실무에 적용하는 과정은, 창의적인 아이디어와 기술적 능력을 강화하여 출판사의 경쟁력을 높이는 핵심 전략이 될 것입니다

베스트셀러나 유명 출판물의 디자인 사례를 분석함으로써 어떠한 디자인

원칙과 전략으로 독자들의 관심을 효과적으로 그리고 어떤 구성 요소와 레이아웃을 적용했는지를 깊이 이해할 수 있습니다. 이러한 사례 분석은 단순히 시각적인 요소를 평가하는 것을 넘어서 각 출판물이 전달하고자 하는 메시지와 브랜드 정체성이 어떻게 디자인에 녹아 있는지를 파악하는 데 큰 도움이 됩니다.

실제 사례를 분석함으로써 자신만의 독창적인 디자인 감각을 형성할 수 있을 뿐만 아니라 다양한 사례를 통해 최신 디자인 트렌드와 시장의 요구 사항을 파악할 수 있으므로 이를 바탕으로 보다 효과적이고 차별화된 디자인 전략을 수립하는 데 큰 도움이 됩니다. 이러한 과정은 출판사의 장기적인 경쟁력 강화와 독자들에게 깊은 인상을 남기는 결정적인 요소로 작용합니다.

편집 디자인은 단순히 예쁜 그림이나 멋진 글씨체를 선택하는 작업을 넘어, 책의 전체적인 품격과 독자와의 소통을 결정짓는 핵심 요소입니다. 표지, 내지 레이아웃, 폰트 선택 등 모든 세부 요소를 꼼꼼하게 계획하고 실행함으로써, 독자 분들께 책의 메시지와 분위기를 효과적으로 전달할 수 있습니다.

이러한 편집 디자인 작업을 성공적으로 수행하기 위해서는 다양한 자료와 전문가 네트워크, 그리고 온라인 강좌 등의 자원을 적극 활용하는 것이 중요합니다. 디자인 공유 플랫폼에서 영감을 얻거나, 프리랜서 디자이너와 협업하여 전문적인 결과물을 도출할 수 있으며, 관련 워크숍이나 세미나를 통해 최신 트렌드와 실무 지식을 습득하는 것도 큰 도움이 됩니다.

여러분만의 편집 디자인 꿀팁을 구성하여 기획 단계부터 최종 실행까지 체계적으로 접근한다면 책은 독자 분들께 깊은 인상을 남기며 성공적인 출판으로 이어질 것입니다. 기획 초기부터 세심한 편집과 디자인, 그리고 효과적인 마케팅 전략이 결합되어야만 단순히 인쇄된 책을 넘어 작가의 철학과 정체성을 독자에게 강렬하게 전달할 수 있습니다.

창의적인 도전과 치밀한 계획, 그리고 팀원 간의 원활한 협업이 이루어질 때, 각 구성원의 전문성이 모여 완성도 높은 결과물을 도출하게 되며, 이는 독자와의 깊은 소통과 신뢰 형성에 결정적인 역할을 합니다. 여러분의 열정과 노력이 지속적인 자기계발과 혁신적인 시도를 통해 더욱 빛을 발할 수 있기를 바라며, 그 과정에서 쌓은 경험과 인사이트가 향후 출판사의 성장과 브랜드 가치 상승으로 이어지기를 진심으로 기원합니다.

저는 에세이나 시집, 소설 등을 주로 하는 출판사입니다.
잡지나 기업 파플렛을 위주로 하는 출판사와는 결을 달리
합니다, 그렇기에 내지, 표지, 폰트에서도 아래의 디자인을
참고하거나 주로 씁니다.

- 내지 디자인 : 핀터리스트
- 표지 디자인 : 미리캔버스, Canva, Freepik
- 폰트 디자인 : 산돌구름, 윤디자인(FONCO), Adobe Fonts

* Canva, Freepik을 참고한 표지들

꿀팁!! 인디자인과 포토샵 · 일러스트레이트 무료로 배우자

서울인쇄센터는(https://www.seoulprinting.com/) 서울시의 지원을 받아 인쇄산업의 경쟁력 강화와 지역 경제 육성을 목표로 운영되는 기관으로, 시민 누구나 부담 없이 인쇄의 세계를 경험하고 배울 수 있는 열린 공간입니다.

서울인쇄센터의 장점

무료 교육 및 체험 : 서울시 지원으로 운영되기 때문에 대부분의 교육 프로그램이 무료로 제공됩니다. 이로 인해 일반 시민부터 인쇄 전문인, 창작자까지 다양한 계층이 경제적 부담 없이 참여할 수 있습니다.

다양한 시설 및 장비 구비 : 1층에는 인쇄의 역사와 관련된 전시물과 실제 인쇄 기기들이 전시되어 있어, 인쇄 과정을 눈으로 확인하고 직접 체험할 수 있는 기회를 제공합니다. 2층은 디지털 컷팅기, 디지털 인쇄기, CTP 장비, 강의실 등이 마련되어 있어 체계적인 교육과 실습이 가능합니다.

초급부터 상급까지 폭넓은 교육 : 인쇄 체험 교육, 디자인 어플리케이션 교육(예: 인디자인, 일러스트 등), 인쇄기술 워크숍, 오퍼레이터 양성과정 등 다양한 과정이 마련되어 있어 자신의 수준과 필요에 맞춰 학습할 수 있습니다.

전문가와의 네트워킹 : 인쇄인, 창작자, 기획자 등 인쇄 관련 종사자들이 한데 모여 정보와 경험을 공유할 수 있는 포럼과 교류의 장을 마련하여, 현장의 목소리를 듣고 실무 팁을 배울 수 있는 환경을 제공합니다.

주요 교육프로그램

인쇄 아카데미 : 인쇄 공정 체험, 인쇄 편집 디자인, 인쇄기술 WS 등 시민들을 위한 다양한 체험 및 실습 과정이 정기적으로 운영됩니다. 특히 인디자인 초급, 인쇄 실무 중급 과정 등은 신청 경쟁률이 높아, 실무에 직접 적용할 수 있는 노하우를 배울 수 있습니다.

인쇄 장비 운용 과정 : 오프셋 및 디지털 인쇄기 운용 방법, CTP 장비 활용법 등 실제 인쇄현장에서 필요한 기술을 배울 수 있는 전문 과정이 마련되어 있으며, 취업 희망자나 경력 전환을 원하는 이들에게도 큰 도움이 됩니다.

특화 교육 및 창작 지원 : 스크린인쇄, 3D프린터 교육, 독립 출판 및 창작 포트폴리오 제작 지원 등 다양한 특화 프로그램이 제공되어, 인쇄 기술뿐 아니라 창작 활동을 지원하는 프로그램도 운영됩니다.

실습 및 체험 프로그램 : 인쇄 제작공간에서 직접 견본 제작을 체험하거나, 종이의 종류와 특성을 직접 만져볼 수 있는 체험대 등이 마련되어 있어, 이론과 실습을 동시에 경험할 수 있습니다.

서울인쇄센터는(https://www.seoulprinting.com/) 단순한 교육 공간을 넘어, 인쇄산업에 관심 있는 모든 이들이 자유롭게 배우고, 체험하며, 서로 소통할 수 있는 인쇄놀이터와 같은 역할을 수행하고 있습니다. 관심 있는 분들은 서울인쇄센터 누리집이나 네이버 예약을 통해 자세한 프로그램 일정과 신청 방법을 확인할 수 있습니다.

인쇄 디자인 전문가 맞춤형 교육 과정(3개월 과정)

인쇄 디자인 취/창업 연계 교육프로그램(총 40회 / 120시간)

모집인원	10
모집기간	2025-02-17 ~ 2025-03-13
교육기간	2025.3.17(월) - 5.14(수)
장소	서울인쇄센터 2층 (디자인 PC실)
비고	노동절 / 주말 공휴일 휴무

인디자인 초급[1차]

모집인원	
모집기간	2025-01-23 ~ 2025-01-31
	24. 4. 1(월) ~ 4. 19(금) 오후 5시까지
교육기간	24. 4. 29(월) ~ 5.13(월) 10:00 ~ 13:00
장소	서울인쇄센터2층 강의실
과정	초급
회수	3회
교육 일수	8D
교육 시간	24h
비고	목요일, 공휴일 제외

일러스트 + 포토샵 [1차]

모집인원	
모집기간	
교육기간	24. 4. 29(월) ~ 5.13(월) 10:00 ~ 13:00
장소	서울도시제조허브 6층 컴퓨터실
과정	초급
회수	3회
교육일수	8D
교육 시간	24h
비고	금요일, 공휴일 제외

인쇄 전 체그해야 할 것들(실수하면 돈만 날린다)

인쇄 직전에 사소한 부분 하나만 놓쳐도 재인쇄 비용과 일정 지연 등 출판사에 큰 부담이 생기곤 합니다. 다음 체크리스트를 통해 실수를 최소화해보세요.

1. 원고·편집·교정 사항

오탈자 최종 점검

교정 작업이 모두 완료된 후에도 원고 내에 남아 있을 수 있는 오탈자나 띄어쓰기, 철자 오류 등을 꼼꼼하게 재검토하는 것은 필수적입니다. 특히 책 제목, 저자명, 목차, 장·절 제목, 페이지 번호, 연도, 금액 등 수치 정보와 같이 작은 실수가 전체 품질에 영향을 미칠 수 있는 부분에 대해 세밀하게 확인해야 합니다.

한 글자 한 글자 정성껏 검토하고, 자동 교정 도구와 수동 점검을 병행하여 오류를 최소화하면 독자에게 혼란이나 오해를 주지 않는 완성도 높은 출판물을 만들 수 있습니다. 전문가나 교정 담당자의 재검수를 통해 마지막까지 신경을 쓴다면 책의 신뢰도와 전문성을 크게 향상시킬 수 있으며 결과적으로 독자들에게 긍정적인 인상을 남길 수 있습니다. 이처럼 철저한 오탈자 최종 점검은 출판물의 품질 관리에 있어서 가장 기본적이면서도 중요한 단계임을 명심해야 합니다..

페이지 수 · 목차 일치

출판물의 목차와 실제 페이지 번호가 일치하는지 확인하는 과정은 독자에게 혼란을 주지 않기 위한 중요한 단계입니다. 목차에 기재된 각 항목의 시작 페이지와 실제 본문의 페이지 번호가 정확히 일치하는지 세심하게 검수해야 하며, 특히 챕터 전환 시 불필요한 공백 페이지나 잘못된 번호가 삽입되지 않았는지 꼼꼼히 확인해야 합니다.

페이지 번호의 오류는 책의 전문성을 해칠 뿐만 아니라, 독자들이 원하는 정보를 찾는 데 큰 불편을 초래할 수 있으므로, 초기 편집 단계부터 철저한 검토가 필요합니다. 목차와 실제 내용 간의 일관성을 유지하기 위해 자동 페이지 번호 설정 기능을 활용하고, 최종 검수 시 여러 차례 반복 점검을 통해 누락이나 오차가 없는지 확인하면, 독자에게 신뢰감과 만족도를 제공할 수 있습니다.

레이아웃 안정성

본문 레이아웃의 안정성을 확보하는 것은 독자에게 쾌적한 읽기 환경을 제공하는 데 매우 중요합니다. 본문이 잘린 부분(행이 살짝 밀려서 짤리는 경우)이나 '고아(widow)'나 '과부(orphan)'처럼 단 한 줄만 페이지 끝/처음에 남는 문제가 없는지 확인합니다. 본문 내 삽입된 그림이나 표의 위치가 텍스트와 자연스럽게 어우러지도록 배치되어야 하며, 불필요한 여백이나 부정확한 정렬로 인해 전체적인 흐름이 방해받지 않도록 주의해야 합니다. 레이아웃 안정성을 확보하면 책 전체의 디자인 완성도가 높아지고, 독자들이 내용을 쉽게 따라갈 수 있어 읽기 편한 책으로 완성됩니다. 세심한 디자인 점검과 함께 최종 출력 전 여러 번의 시뮬레이션을 통해 오류를 사전에 방지하는 것이 좋습니다.

표 · 사진 캡션(설명글) 점검

표와 사진에 첨부된 캡션(설명글)은 독자에게 추가 정보를 제공하는 중요한 요소입니다. 따라서 캡션의 내용이 정확한지, 오탈자가 없는지, 그리고 본문과의 연계성이 잘 유지되고 있는지 꼼꼼하게 확인해야 합니다. 캡션의 위치와 스타일이 전체적인 편집 디자인과 조화를 이루도록 구성하고, 표나 사진과의 거리가 적절하게 유지되어 독자에게 혼란을 주지 않도록 해야 합니다.

실제 출판 전에 다양한 기기나 출력물에서 캡션의 가독성과 배치 상태를 확인하고, 필요한 경우 수정 작업을 거치는 것이 좋습니다. 이러한 세심한 캡션 점검은 출판물의 전문성과 완성도를 한층 높여주며, 독자들이 정보를 명확하게 받아들일 수 있도록 도와줍니다.

2. 디자인 · 제작 사항

표지(앞·뒤·책등) 디자인 완성도

표지 디자인 완성도는 출판물의 첫인상을 결정짓는 핵심 요소입니다. 특히 책등(세네카)의 두께 계산은 문고판, 국판 등 판형에 따라 달라지므로, 최종 페이지 수와 종이의 두께를 기반으로 측정해야 합니다. 컷팅 라인(재단선)과 안전선(bleed)이 정확히 설정되어 인쇄 과정에서 재단 오류가 발생하지 않도록 꼼꼼히 점검해야 합니다. 또한, 표지 전면과 후면의 디자인은 책의 주제와 분위기를 반영하여 독자에게 전문적이고 세련된 이미지를 전달할 수 있도록 신중하게 계획되어야 하며, 전체적인 완성도를 높이는 데 중요한 역할을 합니다.

내지 폰트·해상도

내지 디자인에서 폰트와 해상도는 독자 분들의 가독성과 전반적인 편집 품질에 큰 영향을 미칩니다. 우선, 사용된 폰트가 모든 페이지에 걸쳐 정상적으로 적용되어 있는지, PDF 변환 시 폰트 깨짐이나 무단 변경이 발생하지 않는지 사전에 철저히 확인해야 합니다. 삽입된 이미지나 삽화는 인쇄용 해상도인 300dpi 이상을 유지하며, 색상 모드는 반드시 CMYK로 변환되었는지 점검합니다. 본문과 제목의 폰트 크기, 행 간격, 문단 간격 등도 일관되게 설정하여 전체 레이아웃의 통일성과 안정성을 확보해야 합니다. 이러한 세밀한 검토를 통해 독자 분들께 편안한 읽기 환경을 제공하고, 출판물의 품질을 한층 높일 수 있습니다.

시안 출력(디지털 프루프) 확인

컬러 책을 출판할 경우, 인쇄 전에 디지털 프루프(시안 출력)를 통해 실제 인쇄물의 색상과 품질을 미리 점검하는 과정이 매우 중요합니다. 모니터의 RGB 색상과 인쇄물의 CMYK 색상 간 차이를 감안하여, 디지털 프루프를 받아 색상 차이 및 인쇄 오류를 사전에 확인해야 합니다. 이 과정을 통해 예상치 못한 색상 왜곡이나 디자인 오류를 미리 수정할 수 있으며, 최종 인쇄물의 완성도를 크게 높일 수 있습니다. 또한, 저자와 디자이너는 프루프 확인을 통해 인쇄 전에 필요한 개선점을 도출하고 인쇄소와 원활하게 소통하여 최종 결과물이 의도한 대로 재현되도록 해야 합니다. 꼼꼼한 시안 출력 확인은 출판물의 전문성과 신뢰도를 보장하는 데 필수적인 단계입니다.

특수 후가공(양장· 박· 형압 · 띠지 등) 체크

특수 후가공은 출판물에 고급스러운 마감과 차별화된 품질을 부여하는 중요한 공정입니다. 양장본, 금박/은박, 에폭시, 형압(엠보싱), 띠지 등 후가공 작업이 포함된 경우, 적용할 위치와 정확한 그래픽 요소, 색상, 재질 등을 인쇄소에 명확하게 전달하는 것이 필수적입니다. 후가공 작업은 미리 준비된 디자인 파일과 구체적인 지침을 제공하여, 작업 중 발생할 수 있는 오차를 최소화해야 합니다. 후가공이 어긋나거나 누락될 경우 수정이 매우 어려워 품질에 큰 영향을 미치므로, 상세한 시안과 견본을 확보하고 철저하게 점검하는 과정이 필요합니다. 이를 통해 출판물은 독자 분들께 높은 완성도와 고급스러운 마감을 제공하며, 브랜드 가치를 한층 강화할 수 있습니다.

3. 인쇄소와의 소통

사양 확정

인쇄소와 원활한 소통을 위해서는 출판물의 최종 사양을 꼼꼼하게 확정하는 것이 필수적입니다. 내지와 표지에 사용될 종이 종류, 평량 및 무게, 제본 방식(무선제본, 중철, 양장 등)과 코팅 처리(유광 또는 무광) 등 모든 세부 사항을 구체적으로 결정하여 인쇄소와 공유해야 합니다. 이러한 사양 확정 작업은 인쇄 후 발생할 수 있는 색감 차이나 재단 오차 등의 문제를 사전에 예방하는 중요한 절차입니다. 만약 최종 인쇄물에 대해 의문이 제기된다면 인쇄소와 충분한 대화를 통해 문제점을 명확히 하고 수정하도록 해야 합니다. 꼼꼼한 확인과 적극적인 소통이 품질 높은 결과물을 만들어내는 열쇠임을 항상 기억하시기 바랍니다.

납기·물류 일정

인쇄 및 제본 완료 후 출고까지 걸리는 시간을 정확히 파악하는 것은 출판물 유통 계획에 있어 매우 중요한 단계입니다. 인쇄소와 협의하여 납기 일정과 물류 일정을 사전에 확정하고, 서점 출고나 독자에게 전달되는 시점을 고려하여 여유 있는 계획을 수립해야 하며 효과적인 포장 및 패킹 방식을 협의하는 것이 필수적입니다. 이러한 철저한 일정 관리와 물류 계획은 출판물의 원활한 유통과 독자 만족도를 높이는 데 큰 역할을 하며, 프로젝트 전반의 신뢰성을 확보하는 중요한 요소입니다.

샘플 수령

최종 인쇄 전에 시제품(샘플)을 받아보는 것은 대량 인쇄 전 마지막으로 오류를 확인하고 수정할 수 있는 매우 중요한 단계입니다. 인쇄소에 디지털 프루프나 시안 출력을 요청하여 색상, 재단, 레이아웃 등 모든 요소가 계획대로 구현되었는지 면밀히 검토해야 합니다. 샘플을 통해 책의 전체적인 품질을 확인하고 필요시 수정 사항을 반영하여 문제를 미리 해결하면 대량 인쇄 시 불필요한 오류나 재작업을 방지할 수 있습니다.

4. 정산·견적 재확인

인쇄비·후가공비·디자인비 등 최종 견적

출판물 제작에 있어 인쇄비, 후가공비, 디자인비 등 모든 비용 항목의 최종 견적을 재확인하는 과정은 매우 중요합니다. 표지 코팅 방식이나 내지 종이의 변경 등 세부 사양이 달라지면 전체 견적에 영향을 미칠 수 있으므로, 수정된 모든 항목의 합계를 꼼꼼하게 검토해야 합니다. 처음 견적 시 누락되었던 비용이나 중복 청구된 항목이 없는지 세세하게 살피고 예상치 못한 비용 발생 가능성을 미리 차단하는 것이 필요합니다. 이러한 절차를 통해 예산 범위 내에서 합리적인 비용으로 제작을 진행할 수 있으며, 이후의 추가 비용 부담을 방지하여 안정적인 출판 사업 운영에 기여할 수 있습니다.

정산 조건

정산 조건을 재확인하는 것은 인쇄소와의 원활한 거래를 위한 핵심 단계입니다. 선금과 잔금 결제 기한, 그리고 세금계산서 발행 여부 등 모든 결제 조건을 면밀히 검토하여 서면 계약으로 명확히 기록해야 합니다. 이를 통해 불필요한 오해나 분쟁을 미연에 방지할 수 있으며 제작 과정 중 발생할 수 있는 예상치 못한 문제에 대한 대비책을 마련할 수 있습니다. 또한, 정산 조건을 꼼꼼하게 확인함으로써 최종 견적과 실제 결제 금액 간의 차이가 발생하지 않도록 관리하고 출판 프로젝트의 재정적 안정성을 확보할 수 있습니다.

원고 품질(오탈자, 페이지 일치, 편집 안정성)과 디자인 요소(색상 모드, 해상도, 폰트 문제)를 가장 우선적으로 꼼꼼히 점검하는 것이 우선입니다. 이러한 기본 품질 관리 없이 진행하면, 후반에 인쇄소와의 소통 과정에서 발생하는 작은 오류들이 최종 결과물에 큰 영향을 미칠 수 있습니다. 그래서 교정과 검토 작업을 철저히 수행하여 오탈자나 페이지 번호 불일치, 레이아웃 불안정 등 잠재적 문제를 미리 제거하는 것이 중요합니다.

   인쇄소와의 원활한 소통을 통해 사양, 납기, 견적 등을 명확히 확인해야 합니다. 인쇄 전 최종 사양을 확정하고, 변경 사항이 있다면 그에 따른 견적 조정과 납기 일정을 재확인함으로써 막판 실수를 줄일 수 있습니다. 이처럼 사전에 모든 과정을 세심하게 점검하면 불필요한 재인쇄 비용이나 일정 지연을 방지할 수 있고, 최종적으로 완성도 높은 책을 세상에 내놓을 수 있게 됩니다.

5장 _ 1인 출판사의 생존 전략

책을 어떻게 팔 것인가(마케팅 필수 전략)

출판사의 성공은 단순히 책을 잘 만들어내는 것뿐 아니라, 효과적으로 독자에게 다가가 판매로 연결하는 마케팅 전략에 달려 있습니다. 특히 1인 출판사의 경우 인력과 예산이 제한되어 있기 때문에, 효율적이고 실질적인 마케팅 전략을 세우는 것이 필수입니다. 아래는 제가 경험한 실질적인 내용을 중심으로 한 1인 출판사의 생존전략을 설명드립니다.

1. 온라인 마케팅 전략
① 온라인 서점 입점 및 자사몰 운영
대형 온라인 서점 입점:

대형 온라인 서점에 입점하는 것은 출판사의 노출도를 크게 향상시켜 수많은 독자 분들께 효과적으로 도달할 수 있는 전략입니다. 예를 들어, 교보문고, 예스24, 알라딘 등 주요 서점에 제품을 등록하면, 각 서점의 높은 방문자 수를 활용해 초기 판매량을 빠르게 끌어올릴 수 있습니다. 그러나 입점 전에는 각 서점의 계약 조건, 수수료, 반품 정책 등 세부 입점 조건을 꼼꼼히 확인하여 불필요한 비용이나 문제를 사전에 방지해야 합니다. 또한, 입점 후에는 프로모션이나 할인 이벤트를 병행하여 소비자 분들의 관심을 유도하고, 판매 촉진 효과를 극대화할 필요가 있습니다. 특히, 온라인 서점 플랫폼은 다양한 독자 층이 이용하는 만큼, 특정 타깃층에 맞춘 마케팅 전략을 함께 구사할 수 있어 브랜드 인지도와 고객 만족도를 동시에 향상시키는 데 기여합니다. 사전에 철저한 계약 조건 검토와 지속적인 모니터링을 통해 발생 가능한 문제점을 최소화하면, 출판사의 성공적인 판매 성과로 이어질 수 있습니다.

자체 웹사이트/쇼핑몰 구축:

출판사의 브랜드를 직접 관리할 수 있는 플랫폼으로 자사몰은 매우 효과적입니다. 자사몰(예: 스마트스토어)을 활용하면 중간 마진 없이 제품을 판매하여 수익률을 극대화할 수 있으며, 브랜드 이미지를 스스로 구축할 수 있습니다. 또한, 자사몰은 고객 데이터를 직접 수집할 수 있어 이를 기반으로 마케팅 전략을 세우고 판매 증진에 활용할 수 있는 장점이 있습니다. 더불어 블로그, 뉴스레터 등 독자와의 직접 소통 채널을 운영하면, 독자들의 의견과 피드백을 신속히 반영하여 지속적인 관심을 유지할 수 있습니다. 이런 직접 소통은 독자와의 긴밀한 관계 형성을 통해 장기적인 고객 확보로 이어지며, 결과적으로 출판사의 성장과 브랜드 가치 향상에 크게 기여합니다.

② 콘텐츠 마케팅 및 SEO 전략

블로그 및 SNS 콘텐츠 제작:

블로그 및 SNS 콘텐츠 제작은 독자와 깊이 있는 소통을 통해 책의 가치를 효과적으로 전달하는 핵심 전략입니다. 책의 주제와 관련된 유용한 정보, 작가의 창작 과정, 그리고 독자와의 Q&A 등 다양한 콘텐츠를 정기적으로 포스팅하면, 독자 분들께서 자연스럽게 책에 대한 관심을 갖게 됩니다. 이러한 콘텐츠는 단순한 정보 전달을 넘어서, 작가의 열정과 작품의 독창성을 드러내며, 브랜드 신뢰도를 높이는 역할을 합니다. 또한, 독자들의 댓글과 피드백을 적극 반영하여 콘텐츠를 지속적으로 개선하면, 결국 책 구매로 이어지는 긍정적인 효과를 기대할 수 있습니다. 이와 같이 체계적인 블로그 및 SNS 콘텐츠 전략은 출판사의 마케팅 효과를 극대화하고, 장기적으로 충성도 높은 독자층을 확보하는 데 큰 기여를 하게 될 것입니다.

SEO 최적화:

SEO 최적화는 책의 제목, 부제, 관련 키워드 등을 효과적으로 활용하여 구글, 네이버 등 주요 검색 엔진에서 상위 노출되도록 하는 작업입니다. 예를 들어, '자기계발 책', '감동 에세이'와 같이 독자 분들이 자주 검색하는 키워드를 적절히 배치하면 자연 검색 결과에서 노출 빈도가 높아집니다. 또한, 메타 태그와 설명문을 최적화하고, 콘텐츠 내부에도 관련 키워드를 자연스럽게 삽입하는 것이 중요합니다. 이를 통해 책의 주제와 관련된 검색 결과에서 여러분의 콘텐츠가 우선적으로 노출되어 독자 분들의 유입을 효과적으로 증대시킬 수 있습니다. 지속적인 모니터링과 업데이트로 SEO 최적화를 유지하면, 장기적으로 브랜드 인지도와 판매량 향상에 크게 기여할 것입니다.

③ SNS 및 인플루언서 마케팅

SNS 광고와 이벤트:

SNS 광고와 이벤트는 출판물의 인지도를 높이는 데 효과적인 전략입니다. 페이스북, 인스타그램, 유튜브 등 주요 SNS 플랫폼에서 소액의 광고를 집행하면 타깃 독자층에게 책을 효과적으로 노출시킬 수 있습니다. 이와 함께 해시태그 캠페인이나 온라인 이벤트를 진행하여 독자 참여를 유도하면, 자연스러운 입소문 효과가 발생할 가능성이 높아집니다. 특히 이벤트 참여자들에게 할인 쿠폰이나 사은품을 제공하면, 참여율을 더욱 높일 수 있으며, 독자들과의 적극적인 소통을 통해 브랜드 신뢰도를 향상시키는 데 큰 도움이 됩니다. 이러한 전략들은 한정된 예산 내에서도 큰 효과를 발휘할 수 있어 1인 출판사에게 매우 유용한 마케팅 수단입니다.

인플루언서 협업:

독자층과 영향력 있는 인플루언서나 블로거와의 협력은 마케팅 전략의 핵심 요소로 작용합니다. 이들은 책 리뷰, 추천 영상, 인터뷰 등 다양한 형태의 콘텐츠를 제작하여 자신의 채널을 통해 책의 매력을 생생하게 전달할 수 있습니다. 특히 2030 세대를 공략하는 경우, 인플루언서의 추천은 소비자들에게 큰 신뢰를 주며, 그들의 체험 후기가 자연스러운 입소문으로 이어져 구매 결정에 긍정적인 영향을 미칩니다. 또한, 협업을 통해 제작된 콘텐츠는 독자와의 소통을 강화하고, 브랜드 인지도를 높이는 데도 효과적입니다. 인플루언서와의 긴밀한 협력은 단기간에 큰 반향을 일으켜, 제한된 예산 내에서도 높은 마케팅 효과를 거둘 수 있는 전략임이 분명합니다.

2. 오프라인 마케팅 전략

① 독립 서점 및 지역 서점 입점

소규모 독립 서점과의 협업:

대형 서점보다 독창적인 책을 선호하는 독립 서점이나 지역 서점을 타깃으로 오프라인 입점을 추진하는 것은 매우 효과적인 전략입니다. 이들 서점은 단순한 대량 판매보다는 개별 작가와 출판사의 스토리에 민감하여, 진솔한 이야기와 철학이 담긴 책에 더 큰 관심을 보입니다. 따라서 작가의 개인적 경험, 창작 과정, 그리고 출판 철학을 담은 홍보 자료를 함께 제공하면, 서점 관계자와 독자 모두에게 깊은 인상을 줄 수 있습니다. 이를 통해 브랜드 가치를 높이고, 독자와의 감성적 소통을 강화하여 장기적인 협력 관계를 구축할 수 있습니다.

책 사인회 및 북 토크 개최:

직접 독자와 만날 수 있는 이벤트는 출판사의 마케팅 전략에서 매우 중요한 역할을 합니다. 작가가 직접 참여하는 사인회, 북 토크, 강연 등은 단순한 홍보를 넘어 독자와의 진솔한 소통의 장을 마련해 줍니다. 이러한 이벤트는 작가의 인간적인 매력과 책에 담긴 메시지를 직접 전달할 수 있는 기회로, 독자 분들께 신뢰감을 심어주고, 자연스럽게 책 구매로 이어질 수 있습니다. 또한, 이벤트를 통해 독자들의 생생한 반응과 피드백을 직접 들을 수 있어, 향후 출판물의 내용이나 마케팅 전략을 보완하는 데 큰 도움이 됩니다. 행사 후에는 참석자들의 후기와 사진, 영상 자료를 SNS나 블로그에 공유하여 입소문 효과를 극대화할 수 있으며, 이를 통해 브랜드 인지도를 한층 높일 수 있습니다. 이처럼 직접 만남을 통한 이벤트는 출판사의 성장을 위한 중요한 촉매제 역할을 하게 됩니다.

② 도서 박람회 및 문화 행사 참여

출판 박람회 참가:

출판 관련 박람회나 문학 축제에 참가하는 것은 책의 가치를 직접 전달할 수 있는 훌륭한 기회입니다. 이들 행사는 업계 관계자, 독자, 그리고 잠재적 파트너와 직접 만날 수 있는 장을 마련해 주어 네트워킹을 통해 브랜드 인지도를 크게 향상시킬 수 있습니다. 또한, 다양한 독자층과의 만남을 통해 책에 대한 생생한 피드백을 얻고 이를 토대로 마케팅 전략을 보완할 수 있습니다. 행사 참가 후에는 현장에서 촬영한 사진이나 동영상을 SNS와 블로그에 공유하여, 온라인에서도 입소문 효과를 극대화하면, 책의 인지도와 판매량 향상에 큰 도움이 될 것입니다.

지역 문화 행사 연계:

지역 문화 행사나 소규모 문학회와 협력하여 책을 홍보하는 전략은 지역 독자들의 관심을 끌고, 책의 가치를 효과적으로 전달하는 좋은 방법입니다. 이러한 협업은 단순한 마케팅을 넘어서 지역 사회와의 유대감을 형성하며, 독자들이 책에 담긴 메시지와 작가의 철학을 직접 체험할 수 있는 기회를 제공합니다. 행사에 참여할 때는 사인회, 북 토크, 소규모 강연 등 다양한 이벤트를 통해 독자와의 직접 소통을 도모하면, 지역 독자들에게 신뢰감을 주고, 자연스럽게 입소문이 퍼지도록 할 수 있습니다. 또한, 행사 후 촬영한 사진과 영상을 SNS 및 지역 커뮤니티에 공유하여 브랜드 인지도를 높이고, 장기적인 독자층 형성에 기여할 수 있습니다.

3. 전자책 및 디지털 유통 전략
① 전자책 출판 및 배포
전자책 플랫폼 활용:
리디북스, 밀리의 서재, 교보문고, 아마존 킨들 등 주요 전자책 플랫폼에 전

자책 버전을 출시하면 인쇄 비용 없이도 책을 제작할 수 있어 예산 부담이 크게 줄어듭니다. 또한, 전 세계 독자에게 디지털 방식으로 배포할 수 있으므로, 지리적 한계를 극복하고 다양한 국가의 독자에게 쉽게 접근할 수 있습니다. 전자책은 제작 및 업데이트가 용이하여 최신 정보를 신속하게 반영할 수 있고, 플랫폼의 검색 및 추천 알고리즘을 통해 독자에게 효과적으로 노출되어 판매 촉진에 큰 도움이 됩니다.

② 구독 서비스 멤버십 운영
독자 커뮤니티 구축:

독자 전용 커뮤니티나 멤버십 프로그램을 운영하면 독자와의 지속적인 소통이 가능해집니다. 이를 통해 신간 우선 구매, 특별 강연, 독점 콘텐츠 등 다양한 혜택을 제공하여 독자 분들의 참여를 유도하고, 브랜드 충성도를 높일 수 있습니다. 이와 같은 프로그램은 단순한 판매 촉진을 넘어서, 독자들이 출판사의 스토리와 철학을 직접 체험하고 공감할 수 있는 기회를 마련해 줍니다. 결과적으로, 장기적으로 충성 고객을 확보하여 안정적인 판매 기반과 지속 가능한 성장을 도모할 수 있으며, 정기적인 소통과 이벤트를 통해 자연스러운 입소문 효과도 기대할 수 있습니다.

4. 데이터 분석 및 피드백 반영
① 판매 데이터 분석
채널별 성과 측정:

온라인 및 오프라인 판매 데이터를 정밀하게 분석하면, 어떤 채널에서 가장 효과적인 판매가 이루어지고 있는지 명확하게 파악할 수 있습니다. 예를 들어,

각 채널별 매출 추이, 전환율, 고객 피드백 등을 비교 분석하여 효과적인 채널과 개선이 필요한 채널을 구분할 수 있습니다. 이러한 분석 결과를 바탕으로, 마케팅 예산을 효율적으로 재배분하고, 채널별 맞춤 전략을 수립할 수 있습니다. 이를 통해 전체적인 판매 성과를 극대화하고, 독자 접근성을 향상시키며, 브랜드 인지도를 높이는 데 큰 기여를 할 수 있습니다.

독자 행동 분석:

웹사이트 방문자 통계, SNS 반응, 독자 리뷰 등을 세밀하게 분석하면 독자 분들이 어떤 부분에 특히 반응하는지, 그리고 개선이 필요한 요소가 무엇인지를 명확히 파악할 수 있습니다. 예를 들어, 특정 페이지에서 체류 시간이 짧거나 이탈률이 높은 경우, 그 콘텐츠의 구성이 부족하거나 관심을 끌지 못하고 있음을 시사합니다. 또한, SNS에서 특정 주제에 대한 댓글과 공유 횟수를 분석하면 독자 분들이 공감하는 포인트와 개선해야 할 부분을 구체적으로 확인할 수 있습니다. 독자 리뷰를 면밀히 살펴보면, 긍정적인 평가뿐만 아니라 불만 사항이나 개선 요구도 파악할 수 있어, 이를 바탕으로 콘텐츠나 마케팅 전략을 보완하는 데 큰 도움이 됩니다. 이러한 데이터 분석은 전반적인 독자 만족도를 높이고, 출판물의 품질 개선과 효과적인 마케팅 전략 수립에 필수적인 과정입니다.

② 피드백 수집 및 반영

독자 설문조사:

독자들을 대상으로 실시하는 설문조사는 책의 만족도, 개선 사항 및 추가로 원하는 주제 등을 파악하는 데 매우 효과적인 도구입니다. 이 설문조사에는 책의 내용, 구성, 편집, 디자인, 마케팅 전략 등 다양한 항목에 대해 독자들이 느낀 긍정적 요소와 개선해야 할 부분을 구체적으로 질문합니다. 또한, 독자들이 앞으로 다루었으면 하는 주제나 아이디어를 수집하여 향후 출판 기획에 반영할 수 있도록 합니다. 설문 결과를 체계적으로 분석하면, 책의 품질을 지속적으로 개선하고 독자와의 소통을 강화하는 데 큰 도움이 되며, 브랜드 신뢰도와 충성 고객 확보에도 기여할 수 있습니다.

실시간 피드백:

SNS, 온라인 커뮤니티, 이메일 뉴스레터 등 다양한 디지털 채널을 통해 독자 피드백을 실시간으로 수집하는 것은 마케팅 전략에 빠르게 반영할 수 있는 핵심 요소입니다. 독자들이 제시하는 의견, 개선 요구사항, 선호 콘텐츠 등을 신속히 파악하여, 마케팅 메시지나 프로모션, 콘텐츠 제작 방향을 즉각적으로 조정할 수 있습니다. 이를 통해 변화하는 독자 트렌드에 유연하게 대응하며 브랜드 신뢰도를 높이고, 입소문 효과를 극대화할 수 있습니다.

5. 예산 관리와 비용 효율화
① 소규모 예산을 효율적으로 운영하기
디지털 마케팅 우선:

초기 비용 부담이 적은 디지털 마케팅 전략은 제한된 예산 내에서 효과를 극대화할 수 있는 핵심 수단입니다. 소셜 미디어 광고나 구글 애드워즈 등 비용 대비 높은 효과를 보이는 채널에 집중하여 최대의 ROI(투자 대비 수익)를 달성하는 것이 중요합니다. 이를 위해 각 채널의 광고 성과와 전환율을 지속적으로 모니터링하고 분석하여 예산을 최적화하며, 목표 독자에게 효과적으로 도달할 수 있도록 전략을 세워야 합니다. 이러한 접근은 브랜드 인지도를 높이고, 출판사의 성장에 기여할 수 있습니다.

협업 및 크로스 프로모션:

다른 독립 출판사, 작가, 또는 문화 행사와의 협업을 통해 공동 프로모션을 진행하면 각 파트너가 부담하는 비용을 분담할 수 있을 뿐만 아니라 서로의 독자층을 확대하는 효과를 기대할 수 있습니다. 예를 들어 공동 사인회나 북 토크, 워크숍 같은 이벤트를 함께 개최하면 각 기관이나 작가가 보유한 독자층과 인맥을 공유하여 새로운 고객에게 접근할 수 있습니다. 또한, 공동 마케팅 자료를 제작해 SNS나 온라인 커뮤니티 등 다양한 채널에서 동시에 홍보하면, 입소문 효과가 극대화되어 브랜드 인지도와 판매 촉진에 큰 도움이 됩니다. 이러한 협업은 비용 부담을 낮추면서도, 각자의 강점을 살린 시너지 효과를 창출하여 장기적인 성장과 독자 충성도 강화에 기여할 수 있습니다.

② 지속 가능한 마케팅 전략 구축
장기적인 브랜드 가치:

단기적인 판매 성과에만 집중하는 것은 안 됩니다. 장기적으로 출판사의 브랜드 가치와 독자 충성도를 높이는 전략이 필요합니다. 이를 위해 정기적으로 콘텐츠를 업데이트하고, 소셜 미디어, 뉴스레터, 블로그 등 다양한 채널을 통해 독자와 지속적으로 소통하는 것이 중요합니다. 독자들의 피드백을 반영하여 콘텐츠를 보완하고, 참여형 이벤트나 Q&A 세션 등으로 독자와의 유대감을 강화하면, 출판사는 신뢰받는 브랜드로 자리잡을 수 있으며, 장기적인 판매 증진과 충성 고객 확보에 큰 도움이 될 것입니다.

SNS 활용법 : 블로그, 인스타, 페이스북, 카카오스토리 어디에 울릴까?

마케팅 전문가 및 컨설턴트 활용

필요하다면 소규모 예산 내에서 마케팅 전문가나 컨설턴트의 조언을 받아 전략을 보완하는 것도 좋은 방법입니다. 전문가의 객관적인 시각과 최신 트렌드에 기반한 분석은 기존 전략의 개선점과 새로운 기회를 발견하는 데 큰 도움이 됩니다. 제한된 예산 내에서도 전문 컨설턴트와의 협업을 통해, 독자와의 소통 채널 최적화, 콘텐츠 업데이트, 광고 집행 전략 등을 보다 정교하게 다듬어 장기적인 브랜드 가치와 충성 고객 확보에 기여할 수 있습니다.

1인 출판사의 마케팅 전략은 제한된 자원과 인력으로도 효과적으로 독자에게 다가갈 수 있도록 여러 채널과 방법을 복합적으로 활용하는 것이 핵심입니다. 온라인과 오프라인, 전자책을 아우르는 다각화된 유통 채널, 체계적인 데이터 분석, 그리고 예산 관리까지 이 모든 요소들이 유기적으로 결합될 때, 여러분의 책은 더 많은 독자들에게 사랑받을 수 있습니다.

자신의 이야기를 세상에 전하고자 하는 열정과 창의성을 바탕으로, 이 전략들을 꾸준히 실행해 나간다면, 1인 출판사도 충분히 생존하고 번창할 수 있습니다. 여러분의 도전이 독자들에게 깊은 울림을 주는 성공적인 출판으로 이어지기를 진심으로 응원합니다.

다양한 SNS 플랫폼은 각각 고유의 특성과 강점을 지니고 있습니다. 출판사나 작가가 자신의 책과 브랜드를 효과적으로 홍보하기 위해 어떤 플랫폼을 선택해야 할지 고민될 때, 다음 내용을 참고해 보세요.다양한 SNS 플랫폼은 각각 고유의 특성과 강점을 지니고 있습니다. 출판사나 작가가 자신의 책과 브랜드를 효과적으로 홍보하기 위해 어떤 플랫폼을 선택할지 내용을 참고해 보세요.

1. 인스타그램

비주얼 중심:

이미지와 짧은 동영상, 스토리 등 시각적인 콘텐츠를 활용하면 책 표지, 제작 과정, 작업 환경 등의 모습을 효과적으로 전달할 수 있습니다. 예를 들어, 책의 디자인과 제작 과정을 짧은 동영상으로 제작하여 SNS에 공유하면, 독자분들께서 출판물의 뒷이야기를 생생하게 체험할 수 있습니다. 또한, 작업 현장의 사진이나 스토리를 통해 창작 과정의 열정과 정성을 보여줌으로써, 브랜드 신뢰도를 높이고 독자와의 감성적 소통을 강화할 수 있습니다.

젊은 독자층 공략:

특히 2030 세대는 감성적이며 트렌디한 콘텐츠에 민감하기 때문에, 이미지, 짧은 동영상, 스토리 등 시각적인 자료를 활용하여 브랜드 이미지를 구축하기에 최적의 타깃입니다. 이 세대는 SNS와 모바일 플랫폼에서 소비하는 콘텐츠에 큰 관심을 보이므로, 책 표지, 제작 과정, 작업 환경 등을 생생하게 담은 콘텐츠가 브랜드의 정체성을 효과적으로 전달할 수 있습니다. 작가와 출판사의 열정, 창의성, 그리고 진솔한 이야기가 담긴 콘텐츠는 2030 세대에게 깊은 인상을 남겨 자연스러운 입소문 효과를 기대할 수 있으며, 브랜드 신뢰도를 높이고 장기적인 충성 고객을 확보하는 데 기여합니다.

해시태그 활용:

관련 해시태그(#출판, #책스타그램, #출판사 이름 등)를 효과적으로 활용하면, 관심 있는 사용자들에게 자연스럽게 노출되어 브랜드 인지도와 콘텐츠 확산에 큰 도움이 됩니다. 이러한 노출은 브랜드의 스토리와 정체성을 전달하며, 자연스러운 입소문 효과를 기대할 수 있도록 돕습니다. 또한, 트렌디한 해시태그 사용은 젊은 세대와의 소통을 강화하고, 독자층 확대에 기여하는 중요한 마케팅 수단입니다.

2. 페이스북
폭넓은 사용자층:

페이스북은 10대부터 60대 이상까지 다양한 연령대와 지역의 사용자들이 모여 있어 광범위한 독자층에 도달할 수 있는 강력한 플랫폼입니다. 이 플랫폼에서는 관심사와 생활 패턴에 따라 세분화된 그룹이 형성되어 있어, 출판물의 특성과 타깃에 맞춘 맞춤형 콘텐츠를 효과적으로 전달할 수 있습니다. 또한, 페이스북의 광고 기능, 페이지, 그룹, 이벤트 등을 활용하면 브랜드 인지도를 높이고 독자와 직접 소통할 수 있는 기회를 마련할 수 있습니다. 이러한 폭넓은 사용자층은 자연스러운 입소문 효과를 유도하며, 장기적인 독자 충성도 형성과 판매 증진에 크게 기여합니다.

커뮤니티 기능:

출판 관련 그룹, 페이지, 이벤트 기능을 활용하면 독자와의 소통 및 네트워킹에 매우 유리한 환경을 마련할 수 있습니다. 페이스북 내에서 출판, 독서, 문학 관련 그룹이나 페이지를 운영하면 관심사 기반의 독자들과 직접 소통할 수 있는 기회가 많아집니다. 또한, 정기적인 이벤트나 온라인 토론회를 개최하면 독자들의 피드백을 실시간으로 받아볼 수 있으며, 이를 통해 작품에 대한 이해도를 높이고, 향후 콘텐츠 기획에도 반영할 수 있습니다. 이러한 기능들은 단순한 광고를 넘어서, 독자와의 긴밀한 관계 형성을 도와 브랜드 충성도를 강화하고, 자연스러운 입소문 효과를 창출하는 데 큰 역할을 합니다.

정교한 광고 타깃팅:

광고 기능을 활용하면, 관심사, 연령, 지역 등 세밀한 타깃팅이 가능하여 특정 독자층에 최적화된 마케팅 캠페인을 진행할 수 있습니다. 페이스북 광고를 통해 특정 관심사를 가진 사용자, 특정 연령대 또는 특정 지역에 거주하는 사용자들을 대상으로 맞춤형 콘텐츠를 전달할 수 있습니다. 이를 통해 광고 예산을 효율적으로 사용하며, 브랜드와 제품에 관심 있는 잠재 고객에게 직접 다가갈 수 있어, 마케팅 효과를 극대화할 수 있습니다..

3. 트위터 (X)

실시간 소통:

짧은 메시지를 통해 신속하게 소식을 전달하고, 최신 트렌드와 이슈에 대해 실시간으로 반응할 수 있습니다. 이를 통해 독자들과의 빠른 소통이 가능해져, 브랜드의 최신 정보와 분위기를 즉각적으로 공유할 수 있으며, 변화하는 상황에 민첩하게 대응할 수 있는 강점을 제공합니다.

해시태그와 바이럴 효과:

해시태그는 소셜 미디어 상에서 책 관련 소식을 효과적으로 확산시킬 수 있는 강력한 도구입니다. 예를 들어, #출판, #책스타그램 #출판사 이름 #책제목 등과 같은 해시태그를 사용하면, 독자들이 해당 키워드를 검색할 때 자연스럽게 콘텐츠가 노출되어 책의 소식을 널리 알릴 수 있습니다. 또한, 해시태그를 통해 특정 주제나 트렌드에 맞춘 콘텐츠를 집약하면, 빠른 입소문 효과를 기대할 수 있으며, 이는 브랜드 인지도 향상과 독자층 확대에 큰 도움이 됩니다. 이러한 전략은 저비용으로도 큰 효과를 얻을 수 있어, 특히 예산이 제한된 상황에서 매우 유용한 마케팅 수단입니다.

간결한 메시지:

280자 제한 내에서 임팩트 있는 문구를 작성하는 연습은 핵심 정보를 간단명료하게 전달하는 능력을 키우는 데 큰 도움이 됩니다. 짧은 문장에 중요한 메시지를 압축하여 담아내면 독자들의 주목을 빠르게 끌 수 있고, 효과적인 소통이 가능합니다. 이와 같은 연습은 디지털 시대에 필요한 명확한 커뮤니케이션 스킬을 강화하여 브랜드 인지도와 메시지 전달력을 크게 향상시킵니다.

4. 카카오스토리

국내 사용자 밀집:

카카오스토리는 카카오톡과 연계되어 있어 국내 이용자 밀집도가 매우 높은 채널입니다. 수백만 명의 카카오톡 사용자가 자연스럽게 카카오스토리를 활용하기 때문에 한국 독자들에게 친숙하고 쉽게 다가갈 수 있습니다. 이 플랫폼은 일상적인 소식 공유와 감성 콘텐츠 전파에 최적화되어 있으며 사용자들이 자발적으로 콘텐츠를 소비하고 확산시키는 특징을 지니고 있습니다. 따라서, 출판사의 마케팅이나 독자 소통 전략에 카카오스토리를 활용하면, 국내 독자층을 효과적으로 공략하여 브랜드 인지도를 높이고, 자연스러운 입소문 효과를 기대할 수 있습니다.

친근한 소통:

친근한 소통은 독자와의 관계를 강화하는 데 핵심 역할을 합니다. 개인적인 일상이나 책 관련 소식을 친근하고 자연스럽게 공유하면, 독자들은 작가나 출판사의 인간적인 면모를 느낄 수 있습니다. 이러한 소통은 단순한 정보 전달을 넘어서 독자와의 신뢰와 유대감을 형성하며, 지속적인 관심과 참여를 유도합니다. 친근한 메시지와 진솔한 이야기를 통해 브랜드 이미지를 긍정적으로 구축하고, 자연스러운 입소문 효과를 기대할 수 있습니다.

다양한 콘텐츠 형식:

카카오스토리에서는 사진, 글, 동영상 등 여러 형태의 콘텐츠를 활용해 책의 매력과 창작 과정을 생생하게 전달할 수 있습니다. 이를 통해 독자 분들은 시각적, 감성적으로 출판사의 스토리를 쉽게 접할 수 있으며, 브랜드에 대한 긍정적 이미지를 형성하게 됩니다. 또한, 카카오톡 채널과 연동하면 전문적인 마케팅 캠페인을 진행할 수 있어, 이벤트나 신간 소식, 작가 일상 등 다양한 콘텐츠를 실시간으로 공유할 수 있습니다. 이처럼 다양한 콘텐츠 형식을 적극 활용하면, 타깃 독자에게 보다 효과적으로 다가갈 수 있고, 자연스러운 소통과 입소문 효과를 통해 브랜드 인지도와 독자 충성도를 높이는 데 큰 도움이 됩니다.

5. 핀터레스트

비주얼 큐레이션:

핀터레스트는 이미지 중심의 비주얼 큐레이션 플랫폼으로, 책 표지, 인포그래픽, 감성적인 사진 등을 통해 독자와 디자이너 모두에게 시각적 영감을 제공합니다. 사용자는 관심 있는 주제의 이미지를 쉽게 탐색하고 수집할 수 있으며, 이를 통해 창의적인 아이디어와 트렌드를 파악할 수 있습니다. 출판사는 핀터레스트를 활용해 독특한 디자인 요소를 강조하고, 브랜드 스토리를 시각적으로 전달하여 독자와의 감성적 소통을 강화할 수 있습니다. 이러한 전략은 마케팅 자료 제작 및 콘텐츠 기획에도 큰 도움을 주어, 전반적인 브랜드 인지도 향상에 기여합니다.

아이디어 공유:

핀터레스트와 같은 비주얼 플랫폼을 활용해 책의 테마와 관련된 이미지 컬렉션을 공유하면 독자 분들이 다양한 아이디어와 영감을 얻을 수 있습니다. 책 표지 디자인, 인포그래픽, 그리고 감성적인 사진들을 하나의 보드로 구성하여 공유하며 독자 분들은 이를 통해 책의 주제와 관련된 새로운 관점을 발견할 수 있습니다. 이러한 이미지 컬렉션은 독자들의 창의성을 자극하고, 책에 대한 관심과 참여를 높여 브랜드 인지도를 강화하는 데 큰 역할을 합니다.

지속적인 트래픽:

핀터레스트에 게시된 콘텐츠는 한 번 업로드되면 시간이 지나도 검색 엔진과 내부 검색 기능을 통해 꾸준한 방문자를 유입시킬 수 있는 강력한 특성을 지니고 있습니다. 즉, 한번 게시된 이미지나 보드는 지속적으로 노출되며 사용자가 관심 있는 주제에 대해 탐색할 때 자연스럽게 검색 결과에 나타나게 됩니다. 이로 인해, 단기간의 효과뿐만 아니라 장기적으로도 지속적인 트래픽을 확보할 수 있어, 브랜드 인지도 향상과 독자 참여 증대에 큰 도움이 됩니다

6. 블로그

심층 콘텐츠 제공:

블로그는 긴 글을 통해 책의 기획 배경, 제작 과정, 작가의 철학 등 상세한 정보를 전달할 수 있는 최적의 채널입니다. 블로그를 활용하면 단순한 책 소개를 넘어서 책이 탄생하게 된 이유와 제작 과정에서의 고민, 작가가 품은 철학과 비전 등을 독자들에게 깊이 있게 전달할 수 있습니다. 이러한 심층 콘텐츠는 독자들에게 책에 담긴 진솔한 이야기를 이해시키고, 신뢰감을 형성하는 데 큰 도움이 됩니다. 또한, 검색 엔진 최적화(SEO) 효과를 기대할 수 있어 장기적으로 지속적인 방문자 유입과 브랜드 인지도 향상에 기여하며, 독자와의 긴밀한 소통 채널로서 역할을 다합니다.

검색 엔진 최적화(SEO):

키워드을 적절하게 사용하여 잘 작성된 포스트는 검색 엔진 최적화를 통해

상위에 노출되어 장기적으로 지속적인 독자 유입에 기여합니다. 효과적인 키워드 사용, 메타 태그 최적화, 내부 링크 구성 등 SEO 전략을 잘 반영하면 검색 엔진은 해당 콘텐츠를 신뢰할 수 있는 정보원으로 평가합니다. 이로 인해 단기적인 방문자 증가를 넘어서 브랜드 인지도와 독자 충성도를 높이는 데 큰 도움이 됩니다.

전문성 강화:

출판, 편집, 디자인 등 전문 분야에 대한 깊은 인사이트를 독자들과 공유하면 브랜드의 신뢰도가 크게 향상됩니다. 전문적인 지식과 경험을 바탕으로 한 정보는 독자 분들에게 유용한 자료를 제공하며, 출판사의 권위와 전문성을 강조하는 효과를 가져옵니다. 이를 통해 독자들은 해당 콘텐츠를 신뢰하고, 장기적으로 지속적인 관심을 갖게 되며, 브랜드 가치가 더욱 공고해집니다.

7. 유튜브

동영상 콘텐츠:

유튜브는 책 제작 과정, 작가 인터뷰, 독자 후기 등 다양한 동영상 콘텐츠를 통해 생생하고 감동적인 스토리텔링을 실현할 수 있는 강력한 채널입니다. 책이 만들어지는 과정을 다큐멘터리 형식으로 제작하면 독자 분들은 제작 뒷이야기를 생생하게 느낄 수 있으며 작가 인터뷰를 통해 창작 과정과 철학을 깊이 이해하게 됩니다. 또한, 독자들의 생생한 후기를 담은 영상은 신뢰도를 높이고 자연스러운 입소문 효과를 기대할 수 있습니다. 이처럼 유튜브를 통해 전문적인 콘텐츠를 지속적으로 제공하면 브랜드 인지도는 물론, 독자와의 감성적 소통을 강화하는 데 큰 도움이 됩니다.

다양한 포맷 활용:

다양한 포맷 활용은 유튜브에서 독자와 깊이 있는 소통을 가능하게 하는 핵심 전략입니다. 브이로그 형식의 영상은 출판사의 일상이나 책 제작 과정을 생생하게 보여주어 친근감을 높이고, 튜토리얼 형식은 편집, 디자인, 출판 등 전문 분야의 노하우를 전달하여 독자들에게 유익한 정보를 제공합니다. 또한, Q&A 세션을 통해 독자들의 궁금증을 해소하고 직접 소통함으로써 브랜드 신뢰도를 강화할 수 있습니다. 이처럼 여러 형식의 콘텐츠를 조합하면, 단순한 홍보를 넘어 독자와의 정서적 연결을 강화하고, 지속적인 관심과 충성 고객 확보에 기여할 수 있습니다.

구독자 기반 형성:

정기적인 콘텐츠 업로드는 유튜브 채널이나 블로그, SNS 등 다양한 플랫폼에서 충성도 높은 구독자 기반을 형성하는 핵심 전략입니다. 꾸준히 일정한 주기와 포맷으로 콘텐츠를 제작하면 독자들은 기대감을 갖고 지속적으로 방문하게 되며 자연스럽게 브랜드 인지도도 높아집니다. 또한, 구독자들과의 적극적인 소통과 피드백 반영을 통해 콘텐츠 품질을 개선하면 브랜드에 대한 신뢰와 애착이 형성되어 장기적인 충성 고객으로 이어집니다. 이와 같이 정기적인 업데이트와 인터랙티브 소통은 단순한 방문자 수 증가를 넘어서, 출판사의 지속 가능한 성장과 마케팅 성공에 결정적인 역할을 합니다.

이처럼 각 SNS 플랫폼은 그 특성에 맞는 콘텐츠와 마케팅 전략을 필요로 합니다.

인스타그램은 비주얼 중심의 감성 마케팅에
페이스북은 광범위한 연령층과 커뮤니티 형성에
트위터는 실시간 소통과 간결한 메시지 전달에
카카오스토리는 국내 친숙한 소통 채널로
핀터레스트는 시각적 영감과 아이디어 공유에
블로그는 심층 정보와 전문성 전달에
유튜브는 동영상 기반의 생생한 스토리텔링에 최적화되어 있습니다.

여러 채널을 전략적으로 조합하면 다양한 독자층에 맞춰 브랜드의 메시지를 효과적으로 전달할 수 있습니다. 각 채널의 특성과 장점을 고려해 출판 콘텐츠와 타깃 독자에 맞는 플랫폼을 선택하고 이를 연계한 통합 마케팅 전략을 실행하면 자연스러운 입소문 효과와 장기적인 브랜드 인지도 상승을 기대할 수 있습니다. 여러분의 출판 콘텐츠와 독자 특성을 분석해 페이스북, 인스타그램, 유튜브, 카카오스토리 등 여러 SNS 채널을 적절히 활용하여 성공적인 마케팅을 진행하시길 바랍니다.

1인 출판사가 독자와 소통하는 방법

짧은 메시지를 통해 빠르게 소식을 전달하고, 최신 트렌드와 이슈에 대해 실시간으로 반응할 수 있습니다. 이러한 접근 방식은 1인 출판사가 한정된 인력과 자원을 효율적으로 활용하면서도 독자와 진솔하게 소통할 수 있는 강력한 도구가 됩니다. 제한된 규모에도 불구하고, 빠른 소식 전달은 독자들이 최신 정보를 놓치지 않도록 도와주며, 신속한 피드백과 의견 수렴을 가능하게 합니다. 이를 통해 독자와의 깊은 유대감을 형성하고, 브랜드에 대한 신뢰와 충성도를 높일 수 있습니다. 아래에서는 1인 출판사가 활용할 수 있는 구체적인 소통 방법들에 대해 자세히 살펴보겠습니다.

1. SNS 채널 적극 활용하기
정기 포스팅:
정기 포스팅은 SNS 채널을 통해 독자와의 지속적인 소통과 친밀감 형성에 매우 효과적입니다. 인스타그램, 페이스북, 트위터(X), 카카오스토리 등 다양한 플랫폼에 책 제작 과정, 출판 철학, 작가의 일상 등을 꾸준히 공유하세요. 포스트와 스토리, 그리고 라이브 방송을 활용하면 독자들과 실시간으로 소통할 수 있으며 이는 단순한 정보 전달을 넘어 독자와의 감성적 연결을 강화하는 데 큰 역할을 합니다. 이러한 정기적인 콘텐츠 업데이트는 브랜드 인지도 상승과 함께 충성도 높은 독자층을 확보하는 데 기여할 것입니다.

해시태그 및 이벤트:

#내책읽는순간, #1인출판사 등 출판사만의 해시태그를 만들어 독자들이 참여할 수 있는 이벤트(사진 공모전, 댓글 이벤트 등)를 진행하면, 자연스러운 입소문 효과를 기대할 수 있습니다.

2. 블로그와 뉴스레터 운영

블로그 콘텐츠:

블로그 콘텐츠는 단순한 책 소개를 넘어 책의 기획 배경, 제작 과정, 작가의 생각 등 심도 있는 내용을 담아 독자 분들이 책에 담긴 스토리와 철학을 깊이 이해할 수 있도록 돕습니다. 이러한 콘텐츠는 창작 과정의 뒷이야기와 저자의 열정, 고민을 생생하게 전달하여 독자와의 신뢰와 공감을 형성하는 데 큰 역할을 합니다. 또한, 정기적으로 포스팅을 통해 독자와 지속적으로 소통하면 피드백을 반영해 콘텐츠를 개선하고 독자 참여를 유도할 수 있습니다. 더불어 SEO 최적화를 적용하여 검색 엔진 상위에 노출되도록 하면, 시간이 지남에 따라 꾸준한 방문자 유입과 함께 브랜드 인지도 및 독자 충성도를 높일 수 있는 효과를 기대할 수 있습니다.

이메일 뉴스레터:

이메일 뉴스레터는 독자와의 1:1 소통 채널을 구축하는 효과적인 수단입니다. 정기적으로 뉴스레터를 발송하여 신간 소식, 이벤트 안내, 독자 후기 등 독자 개개인에게 친밀하고 개인화된 정보를 전달할 수 있습니다. 이로 인해 독자들은 출판사의 최신 소식과 혜택에 대해 신뢰감을 형성하며, 브랜드와의 장기적인 관계를 구축할 수 있습니다. 또한, 독자의 관심사와 구매 패턴을 반영한 맞춤형 뉴스레터는 충성 독자층을 확대하는 데 큰 도움이 됩니다. 이메일 뉴스레터는 디지털 마케팅 전략의 핵심 요소로 자리잡아, 지속적인 독자 소통과 브랜드 인지도 향상에 기여합니다.

3. 온라인 커뮤니티 및 포럼

전용 커뮤니티 개설:

네이버 카페, 홈페이지 등 다양한 플랫폼에서 출판사 전용 커뮤니티를 개설하면, 독자들이 자유롭게 의견을 나누고 작가와 직접 소통할 수 있는 공간을 마련할 수 있습니다. 이와 같은 전용 커뮤니티는 독자들 간의 상호 작용을 촉진하고 책의 주제에 대한 다양한 인사이트를 공유할 수 있는 장이 됩니다. 또한, 커뮤니티 내에서 진행되는 이벤트나 Q&A, 독자 피드백을 통해 출판사는 향후 작품 기획에 반영할 수 있는 귀중한 정보를 얻고, 브랜드 충성도와 독자와의 지속적인 관계 형성에 큰 도움이 됩니다.

정기적인 Q&A 및 토론:

커뮤니티 내에서 정기적인 Q&A 세션이나 독서 토론회를 개최하면 독자분들이 자연스럽게 참여하여 활발한 소통의 장이 마련됩니다. 이러한 활동은 독자들이 책의 내용이나 작가의 의도에 대해 직접 질문하고 의견을 나눌 수 있는 기회를 제공하여 깊은 이해와 공감을 이끌어냅니다. 또한, 정기적인 토론회는 커뮤니티 구성원 간의 소속감을 높이고, 출판사와 독자 간의 신뢰를 강화하는 효과가 있습니다. 독자들의 피드백과 아이디어를 실시간으로 공유하면서 향후 출판물 기획에 반영할 수 있는 소중한 자료도 얻을 수 있습니다. 이러한 상호 소통의 장은 브랜드 충성도를 높이는 데 중요한 역할을 하며, 장기적인 독자 네트워크 형성에 기여합니다.

4. 오프라인 소통 이벤트

독서 모임 및 북 토크:

작은 규모의 독서 모임, 사인회, 북 토크 등 오프라인 이벤트를 정기적으로 개최하면 독자 분들과 직접 만나는 기회를 마련할 수 있습니다. 직접 얼굴을 마주하고 대화하는 경험은 온라인 상의 소통보다 훨씬 깊은 유대감을 형성하며 독자 분들이 출판사의 스토리와 작가의 생각을 더 생생하게 느낄 수 있도록 돕습니다. 이러한 만남은 단순한 책 판매를 넘어 브랜드에 대한 신뢰와 충성도를 높이는 데 크게 기여합니다. 또한, 이벤트 후 독자 분들의 피드백을 통해 향후 출판 기획이나 마케팅 전략을 보완할 수 있어, 장기적으로 출판사의 성장에 긍정적인 영향을 미칩니다.

출판 관련 워크숍:

출판 관련 워크숍은 독자 분들이 출판 과정이나 책 제작 노하우를 직접 체험하고 배울 수 있는 특별한 기회를 제공합니다. 이러한 워크숍에서는 책 기획, 원고 작성, 편집, 디자인, 인쇄 등 출판의 전 과정을 상세하게 설명하고 실무 경험과 팁을 공유함으로써 참여자들이 실제 제작 과정에 대한 이해도를 높일 수 있습니다. 또한, 소규모 그룹으로 진행되어 각자의 질문과 의견을 나눌 수 있는 친밀한 분위기 속에서, 독자와 작가, 출판사 간의 깊은 소통과 신뢰를 구축할 수 있습니다. 워크숍에 참여한 독자 분들은 단순히 책을 읽는 것에 그치지 않고, 출판의 뒷이야기를 직접 경험하며 창의적인 영감을 얻을 수 있고,

나아가 스스로 창작 활동에 도전할 수 있는 계기를 마련할 수 있습니다. 이러한 경험은 출판사의 브랜드 가치를 강화하고, 장기적으로 충성 독자층을 확대하는 데 큰 기여를 할 것입니다.

5. 실시간 소통 및 피드백 반영
라이브 방송 및 스트리밍:

SNS 라이브 방송이나 유튜브 스트리밍을 활용하면 독자 분들과 실시간으로 소통할 수 있습니다. 실시간 Q&A 세션이나 라이브 토론을 진행하며 독자들의 질문에 즉각적으로 답변하면, 독자 분들은 자신의 의견이 실제로 반영되고 있다는 신뢰감을 갖게 됩니다. 이러한 즉각적인 피드백 반영은 독자와의 관계를 강화하며, 향후 콘텐츠 및 마케팅 전략 수립에도 유용하게 활용됩니다. 각 SNS 채널에서 독자들의 댓글이나 다이렉트 메시지에 신속하게 응답해 주세요. 직접적인 피드백을 통해 독자와의 소통이 원활해지고, 그들의 요구를 기획에 반영할 수 있습니다.

1인 출판사는 소규모 조직의 민첩함과 유연성을 최대한 활용하여, 독자와의 소통에서 보다 진솔하고 개성 있는 접근을 실현할 수 있습니다. 온라인과 오프라인을 아우르는 다양한 채널, SNS, 블로그, 유튜브, 오프라인 이벤트 등을 통해 독자와 꾸준히 소통한다면 독자들은 책에 대한 신뢰와 애정을 자연스럽게 쌓아갈 것입니다. 이러한 지속적인 소통은 결국 충성도 높은 독자 커뮤니티 형성으로 이어져, 브랜드 가치와 출판사의 성장에 크게 기여할 수 있습니다. 여러분의 열정과 창의성을 독자와 공유하며 함께 성장하는 소통의 장을 만들어 나가시길 바랍니다.

1인 출판사의 위기관리 리스크

현대 출판 시장은 빠르게 변화하고 있으며, 특히 1인 출판사와 같이 소규모 조직의 경우 제한된 자원과 인력으로 인해 위기 상황이 발생할 때 보다 민첩한 대응이 필요합니다. 운영 초기에 발생할 수 있는 재정적, 운영적, 시장적 리스크를 미리 파악하여, 각 항목별 위험 요소를 분류하고 우선순위를 정합니다. 이를 위해 정기적인 내부 점검과 외부 전문가의 조언을 구하며 예측 가능한 문제에 대해 대응 매뉴얼을 가지고 있어야 합니다.

1. 위기 인식 및 사전 준비

1인 출판사를 운영하는 데 있어서 위기를 미리 인식하고 사전 준비하는 것은 매우 중요합니다. 먼저, 예상치 못한 문제나 리스크를 사전에 파악하기 위해 철저한 시장 조사와 내부 프로세스 점검을 진행합니다. 인쇄 지연, 판매 부진, 독자 피드백 부정 등 다양한 상황에 대비한 대응 계획을 마련하고, 이러한 위기 상황 발생 시 신속히 대응할 수 있는 비상 연락망과 매뉴얼을 구축합니다. 또한, 자금 흐름과 비용 구조를 주기적으로 점검하여 재정적 위기 가능성을 미리 경고받고, 필요 시 외부 전문가의 조언을 구하는 등의 사전 준비 작업을 강화합니다. 이를 통해 위기가 발생하기 전, 출판사의 안정성을 확보하는 기반을 마련합니다.

2. 자금 관리 및 비용 리스크 대응

자금 관리는 1인 출판사의 가장 큰 리스크 중 하나입니다. 따라서 철저한 예산 계획과 비용 통제를 통해 재정 위기를 예방합니다. 인쇄, 편집, 디자인, 마케팅 등 각 과정에서 발생하는 비용을 세밀하게 예측하고, 예상치 못한 추가 비용에 대비한 비상금을 확보합니다. 또한, 여러 금융 지원 프로그램이나 크라우드 펀딩 등 다양한 자금 조달 방안을 모색하여 재정 안정성을 높입니다. 정기적으로 재무 상태를 점검하고, 필요 시 전문가의 자문을 받아 비용 구조를 효율적으로 재조정합니다. 이러한 체계적인 자금 관리는 위기 상황 발생 시 빠른 대응과 함께 지속 가능한 출판사 운영의 핵심 요소로 작용합니다.

3. 유통 및 마케팅 위기 대응 전략

유통 채널의 단절이나 마케팅 전략의 실패는 출판사의 매출 하락으로 직결될 수 있습니다. 이에 따라, 다양한 유통 채널(오프라인 서점, 온라인 서점, 전자책 플랫폼, 스마트스토어 등)을 다각화하여 리스크를 분산시키는 것이 중요합니다. 각 채널의 특성과 시장 상황을 면밀하게 분석하고 예상치 못한 판매 부진이나 반품, 배송 지연 등의 문제가 발생할 경우 즉각적인 대응 계획을 마련합니다. 마케팅 측면에서는 SNS, 블로그, 이메일 뉴스레터 등 다양한 온라인 채널을 통해 실시간으로 독자와 소통하고 피드백을 반영하는 체계를 구축하여 위기 상황에서도 유연하게 전략을 수정합니다.

4. 협업 네트워크 및 외부 전문가 활용

1인 출판사는 제한된 자원과 인력으로 인해 모든 문제를 혼자 해결하기 어려울 수 있습니다. 따라서, 프리랜서 디자이너, 편집자, 마케팅 전문가 등 외부 전문가와의 협업 네트워크를 구축하여 리스크를 분산하고 문제 해결에 도움을 받습니다. 업계 관련 커뮤니티나 워크숍, 세미나에 적극 참여하여 유관 전문가들과의 교류를 확대하고 위기 상황 발생 시 빠른 대응을 위한 협력 체계를 마련합니다. 다양한 파트너와의 협업을 통해 최신 기술과 트렌드를 공유하고, 문제 발생 시 전문적인 조언과 지원을 받아 대응 능력을 강화합니다.

5. 데이터 기반 의사결정 및 지속적 개선

위기 대응 전략을 효과적으로 실행하기 위해서는 데이터 기반의 의사결정과 지속적인 개선이 필수적입니다. 온라인과 오프라인 판매 데이터, 독자 피드백, 웹사이트 및 SNS 분석 등 다양한 데이터를 정기적으로 수집하고 분석하여 위기 발생 가능성을 미리 감지하고 대응할 수 있는 체계를 마련합니다. 이를 바탕으로 마케팅 전략, 유통 채널, 비용 구조 등을 유연하게 조정하고, 문제점이 발견되면 즉시 개선 조치를 취합니다. 정기적인 리뷰를 통해 위기 대응 프로세스를 업데이트하며 지속적으로 학습한 최신 정보를 반영해 운영 효율성을 높입니다.

이와 같이 1인 출판사의 지속 가능한 성장과 위기 관리를 위해서는 위기 인식, 철저한 자금 관리, 다각적인 유통 및 마케팅 전략, 협업 네트워크 구축, 그리고 데이터 기반 의사결정 등 다각적인 전략을 수립하고 실행하는 것이 매우 중요합니다. 각 전략을 체계적으로 마련하여 위기에 강한 출판사를 운영하시길 바랍니다.

안정적인 수익 구조 설계하기

1인 출판사는 다양한 수익 모델의 도입, 효율적인 비용 관리, 다각화된 유통 채널 확보, 강력한 마케팅 전략, 그리고 데이터 기반 의사결정을 통해 안정적인 수익 구조를 설계합니다. 이러한 전략들은 제한된 자원과 인력 속에서도 장기적인 브랜드 성장과 안정적인 수익 창출에 기여하는 핵심 요소임을 믿습니다. 여러분께서도 체계적인 계획과 지속적인 개선 노력을 통해 성공적인 출판사 운영을 이루시기를 진심으로 바랍니다.

1. 다양한 수익 모델 구축하기

1인 출판사가 안정적으로 운영되기 위해서는 책 판매 수익에만 의존하지 않는 것이 중요합니다. 도서 판매는 불규칙하고 계절성을 띄는 경우가 많아 단일 수익원으로는 위험합니다. 여러 수익 채널을 개발하여 한 분야의 부진함을 다른 분야에서 보완할 수 있는 구조를 만들어야 합니다. 전자책과 오디오북 판매, 저자 강연 기획, 출판 관련 워크숍 진행, 콘텐츠 라이선싱, 구독 모델 운영 등 다양한 수익원을 발굴하세요. 또한 출판물과 연계된 굿즈나 부가 상품 개발도 수익 다각화에 도움이 됩니다

2. 효율적인 비용 관리로 수익 극대화

많은 1인 출판사가 초기에 부딪히는 문제는 재고 관리와 인쇄 비용입니다. 대량 인쇄는 단가를 낮출 수 있지만, 판매가 저조할 경우 재고 부담이 커집니다. 주문형 인쇄(Print On Demand) 시스템을 활용하면 필요한 만큼만 인쇄하여 초기 투자 비용과 재고 리스크를 줄일 수 있습니다. 처음에는 단가가 높더라도 자금 흐름과 현금 유동성 측면에서 더 안전한 선택이 될 수 있습니다. 판매가 증가하면 점진적으로 인쇄 수량을 늘려가는 전략이 효과적입니다. 최근에는 POD 서비스의 품질도 크게 향상되어 전문적인 출판물 제작이 가능합니다.

3. 전략적 판매 채널 다각화

대형 서점 입점만으로는 안정적인 판매를 기대하기 어렵습니다. 다양한 판매 채널을 개발하여 리스크를 분산시키세요. 온라인 서점, 자체 웹사이트, 소셜미디어 판매, 특수 유통망(학교, 기업, 기관 등) 등 여러 경로를 통해 도서를 판매하면 한 채널의 변동성에 덜 취약해집니다. 특히 직접 판매 채널을 강화하면 중간 유통 마진 없이 더 높은 수익률을 확보할 수 있습니다. 또한 해외 시장 진출이나 번역 출판 등 새로운 시장을 모색하는 것도 판매 채널 다각화의 중요한 방법입니다.

4. 구독 모델 구축하기

단발적인 책 판매가 아닌 정기적인 수입을 창출하기 위해 구독 모델을 고려해보세요. 시리즈 도서를 정기 구독 형태로 제공하거나, 회원제 서비스를 통해 독점 콘텐츠, 저자와의 만남, 워크숍 참여 기회 등의 특별 혜택을 제공할 수 있습니다. 또한 독자들에게 새로운 책이 출간될 때마다 자동으로 배송해주는 '북클럽' 형태의 서비스도 안정적인 수익과 판매량 예측에 도움이 됩니다. 구독 모델은 충성 고객 확보와 현금 흐름 안정화에 매우 효과적인 전략입니다.

5. 체계적인 재무 관리 시스템 구축

수익 구조를 안정화하기 위해서는 체계적인 재무 관리 시스템이 필수적입니다. 정기적인 현금 흐름 분석, 도서별 수익성 평가, 고정비와 변동비 관리, 적정 재고 수준 유지 등을 통해 재무 건전성을 확보해야 합니다. 특히 출간 주기와 계절적 요인을 고려한 연간 재무 계획을 세우고, 비수기를 대비한 충분한 운영 자금을 확보하는 것이 중요합니다. 또한 매출이 증가할 때 일부를 비상금으로 적립하여 예상치 못한 상황에 대비하세요. 1인 출판사는 개인 재정과 사업 재정을 명확히 분리하여 관리하는 것도 장기적인 안정성을 위해 중요합니다.

6장 _ 나의 1인 출판사, 앞으로의 길

책 한 권 냈다고 끝이 아니다 _ 지속 가능한 출판사 운영법

출판사의 성공은 단 한 권의 책을 내고 끝나는 것이 아니라, 그 이후의 지속적인 운영과 성장이 얼마나 체계적으로 이루어지느냐에 달려 있습니다. 한 권의 책 출간은 시작에 불과하며, 이후의 마케팅, 독자와의 소통, 그리고 브랜드 관리 등이 성공적인 장기 성장을 좌우합니다. 특히 1인 출판사의 경우, 제한된 자원과 인력을 최대한 효율적으로 활용하여 전략적 운영법을 도입하는 것이 매우 중요합니다. 체계적인 기획과 실행을 통해 비용을 절감하고, 다양한 디지털 및 오프라인 채널을 활용하여 독자와 지속적으로 소통함으로써 안정적이고 지속 가능한 성장을 이끌어낼 수 있습니다.

1. 브랜드 정체성과 미래 비전 확립
출판 철학과 스토리텔링:
브랜드 정체성과 미래 비전 확립은 단 한 권의 책으로 끝나지 않습니다. 성공적인 출판사는 자신의 출판 철학과 스토리텔링을 통해 왜 이 길을 선택했는지, 어떤 이야기를 전하고 싶은지 그 배경과 가치관을 명확히 해야 합니다. 이를 기반으로 브랜드 스토리를 구축하면 독자들은 단순히 책 한 권을 소비하는 것이 아니라, 그 안에 담긴 철학과 미래 비전에 공감하며 브랜드에 깊이 연결됩니다. 출판사의 고유한 정체성을 통해 독자들에게 신뢰를 주고, 장기적인 성장과 지속 가능한 출판 활동의 기반을 마련할 수 있습니다. 이러한 과정은 단발적인 성공을 넘어서, 독자와 함께 성장하는 브랜드 생태계를 형성하는 데 결정적인 역할을 하게 됩니다.

미래 비전 및 장기 전략 수립:

미래 비전 및 장기 전략 수립은 단기적인 성공에 머무르지 않고, 향후 몇 년간 어떤 분야에 집중할지, 어떤 독자층을 타깃으로 할지, 그리고 시장에서 어떻게 경쟁 우위를 유지할 것인지에 대한 구체적인 계획을 세우는 것입니다. 에세이, 소설, 자기계발 등 특정 장르에 집중하여 전문성을 강화하거나, 독자 참여형 콘텐츠 제작과 온라인 커뮤니티 활성화를 통해 독자와 지속적으로 소통하는 전략을 마련할 수 있습니다. 또한, 향후 출판 시장의 변화와 독자 트렌드를 반영하여 새로운 미디어 채널과 협업 기회를 모색하는 등 다양한 시도를 통해 장기적인 성장 기반을 구축해야 합니다. 이러한 미래 비전과 장기 전략은 출판사의 브랜드 정체성을 확고히 하고, 독자에게 신뢰를 주며 지속 가능한 경쟁력을 확보하는 데 핵심적인 역할을 합니다.

2. 다양한 콘텐츠와 유통 채널 확대
콘텐츠 다각화:

한 권의 책에만 의존하지 않고, 에세이, 소설, 인터뷰, 칼럼 등 다양한 장르의 작품을 기획하여 독자층을 넓히고 브랜드의 폭을 확장합니다.

다양한 유통 채널 확보:

다양한 유통 채널 확보는 오프라인 서점, 온라인 서점, 전자책 플랫폼, 자사몰 등 여러 경로를 적극 활용하여 판매 기회를 극대화하는 핵심 전략입니다. 각 채널의 특성을 고려한 맞춤형 마케팅 전략을 수립하면 서로 시너지를 내며 꾸준한 판매 성과를 얻을 수 있습니다. 예를 들어, 오프라인 서점에서는 직접 독자와 만나 이벤트나 북 토크 등으로 입소문 효과를 노리고, 온라인 서점과 전자책 플랫폼에서는 SEO 최적화와 SNS 연계를 통해 신규 독자 유입을 촉진할 수 있습니다. 또한, 자사몰을 통해 중간 마진 없이 직접 판매하며 브랜드를 체계적으로 관리할 수 있으므로, 독자와의 소통을 강화하여 충성 고객층을 확보할 수 있습니다. 이러한 다양한 유통 채널의 효과적인 활용은 출판사의 안정적 성장과 장기적인 판매 기반 마련에 큰 기여를 할 것입니다.

3. 독자와의 지속적인 소통과 커뮤니티 구축
온라인 및 오프라인 소통:

온라인과 오프라인을 아우르는 다양한 소통 채널은 독자와의 깊은 유대감을 형성하는 데 필수적입니다. SNS, 블로그, 이메일 뉴스레터 등을 통해 출판사의 비하인드 스토리, 신간 소식, 제작 과정, 독자 이벤트 등을 정기적으로 공유하면 독자 분들께서는 브랜드의 진정성과 열정을 느끼며 자연스럽게 관심을 갖게 됩니다. 이러한 꾸준한 소통은 단순한 정보 전달을 넘어서 독자와의 신뢰와 친밀감을 쌓아 장기적으로 충성도 높은 커뮤니티를 구축하는 데 큰 도움이 됩니다. 오프라인 독서 모임이나 북 토크 같은 이벤트를 병행하면 온라인에서 형성된 관계를 현실에서도 확인할 수 있어, 브랜드 가치와 독자 만족도를 더욱 높일 수 있습니다.

전용 커뮤니티 운영: 전용 커뮤니티 운영은 독자와 출판사 간의 지속적인 소통을 강화하고, 브랜드 충성도를 높이는 데 매우 중요한 역할을 합니다. 네이버 카페, 홈제이지 등 다양한 플랫폼에서 독자 전용 커뮤니티를 개설하면 독자 분들께서 자유롭게 의견을 나누고 서로의 생각을 공유할 수 있는 열린 공간을 마련할 수 있습니다. 이러한 커뮤니티는 출판사의 비하인드 스토리, 창작 과정, 신간 소식 등 다양한 정보를 공유하며, 독자들이 출판사와 직접 소통할 수 있도록 도와줍니다. 또한, 정기적인 Q&A 세션, 독서 모임, 북 토크, 사인회 등의 이벤트를 통해 독자들의 피드백을 적극 반영하면, 출판물의 질을 높이고 향후 기획에 소중한 인사이트를 제공받을 수 있습니다. 이처럼 전용 커뮤니티 운영은 단순한 정보 전달을 넘어서, 독자와의 깊은 유대감을 형성하고 장기적인 관계를 구축하는 데 크게 기여합니다.

4. 효율적인 비용 관리와 협업 네트워크 구축
비용 효율화 전략:
출판 과정에서 인쇄, 편집, 디자인, 마케팅 등 모든 단계에서 비용 대비 효과를 극대화하는 것은 1인 출판사의 지속 가능한 성장에 필수적입니다. 최신 POD(Print On Demand) 기술과 디지털 인쇄 방식을 활용하면 불필요한 재고 부담을 줄이고 인쇄 비용을 절감할 수 있습니다. 또한, 소규모 예산에 최적화된 디지털 마케팅 전략을 통해 효율적으로 독자에게 다가갈 수 있으며, 프리랜서 디자이너, 편집자, 마케팅 전문가 등과 협업 네트워크를 구축하면 전문성을 유지하면서도 비용을 절감할 수 있습니다. 이러한 비용 효율화 전략은 출판사의 경쟁력을 강화하고 장기적인 성공을 도모하는 데 큰 도움이 됩니다.

협업 네트워크:

프리랜서 디자이너, 편집자, 마케팅 전문가 등과의 협업은 1인 출판사가 제한된 인력과 자원을 효과적으로 활용하여 업무 부담을 줄이고 각 분야의 전문성을 결합할 수 있는 핵심 전략입니다. 이를 통해 고품질의 결과물을 도출하며 프로젝트의 성공 가능성을 높일 수 있습니다. 다른 독립 출판사나 작가들과의 네트워킹을 통해 최신 트렌드, 성공 사례, 자원 등을 공유하면 운영 효율성이 크게 향상됩니다. 이러한 협업 네트워크는 장기적인 파트너십을 구축하고, 출판사의 지속 가능한 성장을 뒷받침하는 중요한 기반이 됩니다.

5. 데이터 기반 의사결정 및 지속적 개선

판매 및 마케팅 데이터 분석:

온라인과 오프라인 판매 데이터를 세밀하게 분석하여 각 채널의 효율성과 전략의 효과를 객관적인 지표로 파악합니다. 고객의 구매 패턴, 방문자 수, 전환율, 독자 피드백 등 다양한 데이터를 종합하여 마케팅 예산과 전략을 유연하게 재조정할 수 있습니다. 이를 통해 시장 변화에 신속히 대응하고, 개선점을 도출하며 전략을 지속적으로 보완합니다. 데이터 기반 의사결정은 브랜드 경쟁력을 강화하고 장기적인 성장의 핵심 원동력이 됩니다.

독자 피드백 반영:

정기적인 설문 조사와 독자 의견 수렴, SNS 및 커뮤니티 피드백을 통해 독자의 요구와 최신 시장 트렌드를 지속적으로 반영합니다. 이를 토대로 제품과 서비스의 품질을 개선하며, 독자와의 긴밀한 소통을 통해 신뢰를 강화할 수 있습니다. 피드백은 새로운 아이디어와 개선점을 도출하는 중요한 자료로 활용되며 이를 바탕으로 마케팅 전략과 출판물 개선에 반영하면 장기적으로 브랜드 가치 상승에 기여하게 됩니다.

6. 자기 개발과 시장 트렌드 학습

지속적인 학습:

출판 시장은 끊임없이 변화하고 있으므로, 최신 출판 기술, 디지털 마케팅 전략, 독자 트렌드 등 다양한 분야의 지식을 지속적으로 학습하는 것이 필수적입니다. 이를 위해 업계 관련 세미나, 워크숍, 온라인 강좌 등 다양한 학습 채널을 활용하여 새로운 정보를 꾸준히 습득하고, 이를 출판 기획 및 운영 과정에 적극 반영해야 합니다. 자기 개발과 지속적인 학습은 변화하는 시장 환경에 민첩하게 대응하고, 혁신적인 콘텐츠 생산과 독자와의 신뢰 구축에 큰 도움이 되어, 장기적으로 출판사의 경쟁력 강화에 기여합니다..

멘토링 및 네트워킹:

멘토링 및 네트워킹은 출판사의 성공적인 운영에 결정적인 역할을 합니다. 경험 많은 출판인, 작가, 마케팅 전문가 등과의 지속적인 네트워킹을 통해 실제 현장에서 얻은 실질적인 조언과 인사이트를 공유받을 수 있습니다. 이러한 멘토링 관계는 단순히 정보 교환을 넘어서 어려운 문제에 대한 해결책을 모색하고 새로운 기회를 발견하는 데 큰 도움이 됩니다. 업계의 다양한 인맥을 활용하면 최신 트렌드와 기술 동향을 빠르게 파악할 수 있어, 출판 기획과 운영에 혁신적인 변화를 가져올 수 있습니다. 견고한 멘토링 및 네트워킹 시스템을 구축하면, 장기적으로 출판사의 운영 체계가 한층 강화되고, 지속적인 성장을 이끌어내는 든든한 기반이 마련됩니다.

"책 한 권 냈다고 끝이 아니다."

이 한 마디 속에는 한 편의 작품을 세상에 내놓은 것이 출판사의 끝이 아니라, 그 이후의 지속 가능한 운영과 성장이 진정한 성공의 열쇠라는 의미가 담겨 있습니다. 1인 출판사로서 여러분은 한정된 자원과 인력 속에서도 창의적기획과 효율적인 운영, 그리고 독자와의 진솔한 소통을 통해 자신만의 브랜드를 구축할 수 있습니다. 앞으로의 길에서 여러분의 열정과 노력이 꾸준한 성장을 이루어, 독자와 함께하는 풍성한 출판 문화를 만들어 나가길 진심으로 응원합니다.

뇌경색 이후의 삶 _ 출판을 통해 얻은 것들

1. 내면의 치유와 성장

뇌경색 이후, 나는 자신을 돌아보고 내면의 깊은 곳에서 치유의 실마리를 찾기 시작했습니다. 출판은 단순한 글쓰기 행위를 넘어서, 내가 겪은 고통과 회복의 여정을 기록하고 정리하는 과정이 되었습니다. 책을 쓰면서 나는 내 감정의 잔해들을 하나하나 마주할 수 있었습니다. 잃어버린 시간, 아픔, 그리고 그 속에서도 피어난 작은 희망들을 기록하는 과정은 내 마음의 상처를 조금씩 치유해 주었습니다. 글을 통해 나는 내 삶의 소중함과 한계를 극복할 수 있는 힘을 발견했습니다. 뇌경색으로 인한 좌절과 고통 속에서도, 내 안에 무한한 가능성이 있음을 깨닫고 다시 일어설 수 있는 용기를 얻었습니다.

2. 새로운 창작의 자유와 도전

출판은 내게 창작의 자유를 선사했습니다. 내가 직접 책을 기획하고 편집하며, 출판사의 사장으로서 모든 과정을 주도하는 경험은 이전에 느껴보지 못한 자율성과 만족감을 안겨주었습니다. 뇌경색 이후 나는 '내가 사장이다, 내가 저자다'라는 굳은 신념 아래, 스스로의 길을 개척하기 시작했습니다. 다른 누구도 대신할 수 없는 내 이야기를 온전히 담아내며, 독자와의 진솔한 소통을 통해 새로운 가능성을 모색했습니다. 출판 과정을 통해 나는 글쓰기의 기술뿐만 아니라, 내 삶을 예술로 승화시키는 방법을 배웠습니다. 각 페이지마다 내 경험과 감정을 담아내면서, 과거의 아픔이 오히려 나를 더 강하게 만든다는 사실을 깨달았습니다.

3. 독자와의 깊은 소통과 공감

출판을 시작하면서 가장 크게 얻은 것은 독자들과의 진솔한 소통입니다. 내가 겪은 어려움과 회복의 여정을 공유함으로써, 비슷한 고난을 겪고 있는 이들에게 작은 위로와 용기를 줄 수 있었습니다. 내 이야기가 담긴 책을 통해 독자들은 각자의 상처와 희망을 되돌아보게 되었고, 그 결과 나와 독자 사이에는 깊은 공감대가 형성되었습니다. SNS, 블로그, 오프라인 모임 등 다양한 채널을 통해 독자들과 소통하면서, 나는 출판사로서뿐만 아니라 한 인간으로서 성장할 수 있는 기회를 얻었습니다. 독자들의 따뜻한 메시지와 피드백은 나에게 큰 힘이 되었고, 앞으로도 계속해서 새로운 이야기를 써 내려갈 동기를 부여해 주었습니다.

4. 삶의 재설계와 미래에 대한 희망

뇌경색은 내게 단순한 병이 아니라, 인생을 재설계할 수 있는 전환점이었습니다. 출판을 통해 나는 새로운 목표와 비전을 설정하고, 앞으로 나아갈 길을 스스로 만들어 나갈 수 있다는 자신감을 얻었습니다. 출판의 모든 과정을 경험하면서, 나는 끊임없이 배우고 도전하는 자세를 익혔습니다. 작은 성공과 실패를 반복하며 내 안에 숨어 있던 가능성을 하나씩 끌어올릴 수 있었습니다. 이제 나는 단 한 권의 책을 넘어, 다양한 콘텐츠와 프로젝트를 통해 내 이야기를 지속적으로 확장해 나갈 계획입니다. 독자와의 소통을 통해 얻은 피드백과 경험은 앞으로의 나의 창작 활동에 큰 밑거름이 될 것입니다.

뇌경색 이후의 삶은 결코 쉽지 않았지만, 출판이라는 도구를 통해 나는 내 인생의 새로운 의미와 가치를 재발견할 수 있었습니다. "책 한 권 냈다고 끝이 아니다"라는 말처럼, 내 이야기는 한 편의 책을 넘어서 앞으로도 계속해서 독자들과 함께 성장하고 공감할 수 있는 소중한 자산이 될 것입니다. 내가 겪은 고통과 회복, 그리고 그 속에서 피어난 창작의 열정이 여러분에게도 희망과 영감을 주길 바라며, 앞으로의 여정에 있어서도 진솔한 이야기를 통해 세상에 긍정적인 변화를 이끌어 나가기를 기원합니다.

1인 출판사에 도전하고 싶은 사람들에게 하고 싶은 말

1인 출판사에 도전하고 싶은 여러분께, 한 마디로 말씀드리자면 "용기 내세요, 당신의 이야기는 세상에 꼭 필요합니다." 출판의 길은 단순히 책 한 권을 만들어내는 작업을 넘어서, 여러분이 쌓아온 경험과 철학, 그리고 그 속에 담긴 진심을 세상과 나누는 소중한 여정입니다. 이 여정은 때때로 두려움과 불안으로 가득할 수 있지만, 그 모든 경험들이 여러분을 한층 더 성숙하고 단단하게 만들어 줄 것입니다.

먼저, 자신의 목소리를 믿으세요.
여러분만의 이야기는 누구에게도 대신할 수 없는 독창적 자산입니다. 세상은 모두가 똑같은 이야기를 듣고 싶어하지 않습니다. 오히려 각자의 개성과 경험, 그리고 그 속에서 우러나오는 진솔한 이야기에 독자들은 큰 감동을 받습니다. 외부의 평가나 기존의 틀에 얽매이지 말고, 여러분이 그동안 겪어온 삶의 여정과 깨달음을 자신만의 언어로 풀어내십시오. "내가 사장이다, 내가 저자다"라는 자부심을 가지고, 자신만의 색깔로 한 걸음씩 나아가세요. 여러분의 목소리가야말로 독자들에게 새로운 영감을 줄 열쇠이기 때문입니다.

그리고 실패를 두려워하지 마세요.

출판이라는 길은 도전과 시행착오의 연속입니다. 첫 작품이 여러분이 기대한 만큼 빛나지 않을 수도 있고, 예상치 못한 문제들이 발생할 수도 있습니다. 그러나 그런 경험들이 쌓여 여러분은 더욱 단단해지고, 앞으로 나아갈 발판을 마련하게 됩니다. 실패 속에서 배운 교훈들은 미래의 성공으로 이어지는 소중한 자산입니다. 때때로 실패를 경험하며 좌절감을 느낄 때, 그 실패가 결국 여러분을 성장시키는 중요한 과정임을 잊지 마십시오. 오히려 실패를 두려워하기보다는, 그것을 배움의 기회로 삼아 꾸준히 도전해 나가길 바랍니다.

또한, 꾸준한 소통과 피드백을 통해 여러분만의 커뮤니티를 만들어 보세요. 책은 단순히 출간되고 끝나는 것이 아니라, 출간 후 독자들과의 끊임없는 소통을 통해 그 가치를 더욱 확장해 나갑니다. SNS, 블로그, 유튜브, 그리고 오프라인 모임 등 다양한 채널을 활용해 독자들과 진솔하게 대화하고, 그들의 의견과 피드백에 귀 기울이세요. 이러한 소통은 여러분의 출판 브랜드를 더욱 공고히 해주며, 독자들과의 깊은 유대감을 형성하게 됩니다. 독자들과 함께 만들어 가는 커뮤니티는 출판사의 미래를 밝히는 중요한 자산이 될 것입니다.

마지막으로, 끊임없이 배우고 도전하는 자세를 유지하시길 바랍니다.

세상은 끊임없이 변화하고 있고, 그 변화 속에는 새로운 기회와 도전이 숨어 있습니다. 독자들의 취향과 시장의 트렌드, 기술의 발전 등이 빠르게 변하는 지금, 여러분도 계속해서 새로운 지식을 습득하고 도전하는 자세를 가져야 합니다. 강연, 워크숍, 온라인 강의 등 다양한 방법으로 자신의 역량을 강화하고, 그 과정에서 만나는 사람들과의 네트워킹을 통해 더 많은 영감을 얻으시길 바랍니다.

여러분이 출판의 길을 선택하는 것은 단순히 한 권의 책을 내기 위함이 아니라, 여러분만의 이야기를 세상에 울림으로 전하고, 그 과정을 통해 자신과 독자, 그리고 사회에 긍정적인 변화를 일으키기 위한 소중한 도전입니다. 여러분의 열정과 창의력은 분명 많은 이들에게 영감을 줄 것입니다. 용기 내시고, 여러분의 진솔한 이야기를 세상에 펼쳐 보세요. 그날까지 여러분의 도전과 성장, 그리고 꿈이 함께 빛나기를 진심으로 응원합니다.

뇌경색 환자의 좌충우돌 1인 출판사 창업기

이은선 지음

인쇄 2025년 4월 16일
발행 2025년 4월 16일

발행인 이은선
발행처 반달뜨는 꽃섬 [서울시 송파구 삼전로 10길50, 203호]
연락처 E-MAIL itokntok@naver.com

ⓒ 이은선, 저작권 저자 소유

ISBN 979-11-91604-51-1 (03010)